中国出版"走出去"重点图书出版计划立项
北大主干基础课教材立项
北大版商务汉语教材·新丝路商务汉语系列

新 丝 路
New Silk Road Business Chinese
高级商务汉语综合教程 II

李晓琪　主编
韩　曦　编著

图书在版编目（CIP）数据

新丝路：高级商务汉语综合教程 Ⅱ/李晓琪主编，韩曦编著. —北京：北京大学出版社，2012.9
（北大版商务汉语教材·新丝路商务汉语系列）
ISBN 978-7-301-20347-7

Ⅰ.①新… Ⅱ.①李…②韩… Ⅲ.①商务—汉语—对外汉语教学—教材 Ⅳ.①H195.4

中国版本图书馆 CIP 数据核字（2012）第 032244 号

书　　　名：	新丝路——高级商务汉语综合教程 Ⅱ
著作责任者：	李晓琪　主编　韩　曦　编著
责任编辑：	刘　正
标准书号：	ISBN 978-7-301-20347-7/H·3020
出版发行：	北京大学出版社
地　　　址：	北京市海淀区成府路 205 号　100871
网　　　址：	http://www.pup.cn
电子邮箱：	zpup@pup.cn
电　　　话：	邮购部 62752015　发行部 62750672　出版部 62754962　编辑部 62753334
印　刷　者：	北京虎彩文化传播有限公司
经　销　者：	新华书店
	889 毫米×1194 毫米　大 16 开本　7.75 印张　190 千字
	2012 年 9 月第 1 版　2025 年 9 月第 4 次印刷
定　　　价：	32.00 元（附 MP3 盘 1 张）

未经许可，不得以任何方式复制或抄袭本书之部分或全部内容。
版权所有，侵权必究
举报电话：010-62752024　电子邮箱：fd@pup.cn

新丝路商务汉语系列教材总序

近年来，随着中国经济的持续快速发展，中国与其他国家贸易交流往来日益密切频繁，中国在国际社会的政治经济和文化影响力日益显著，与此同时，汉语正逐步成为重要的世界性语言。

与此相应，来华学习汉语和从事商贸工作的外国人成倍增加，他们对商务汉语的学习需求非常迫切。近年来，国内已经出版了一批有关商务汉语的各类教材，为缓解这种需求起到了很好的作用。但是由于商务汉语教学在教学理念及教学方法上都还处于起步、探索阶段，与之相应的商务汉语教材也在许多方面都存在着进一步探索和提高的空间。北京大学对外汉语教育学院自2002年起受中国国家汉语国际推广领导小组办公室的委托，承担中国商务汉语考试（BCT）的研发，对商务汉语的特点及教学从多方面进行了系统研究，包括商务汉语交际功能、商务汉语交际任务、商务汉语语言知识以及商务汉语词汇等，对商务汉语既有宏观理论上的认识，也有微观细致的研究；同时学院拥有一批多年担任商务汉语课程和编写对外汉语教材的优秀教师。为满足社会商务汉语学习需求，在认真研讨和充分准备之后，编写组经过3年的努力，编写了一套系列商务汉语教材，定名为——新丝路商务汉语教程。

本套教程共22册，分三个系列。

系列一，综合系列商务汉语教程，8册。本系列根据任务型教学理论进行设计，按照商务汉语功能项目编排，循序渐进，以满足不同汉语水平的人商务汉语学习的需求。其中包括：

初级2册，以商务活动中简单的生活类任务为主要内容，重在提高学习者从事与商务有关的社会活动的能力；

中级4册，包括生活类和商务类两方面的任务，各两册。教材内容基本覆盖与商务汉语活动有关的生活、社交类任务和商务活动中的常用业务类任务；

高级2册，选取真实的商务语料进行编写，着意进行听说读写的集中教学，使

学习者通过学习可以比较自由、从容地从事商务工作。

系列二,技能系列商务汉语教程,8册,分2组。其中包括:

第1组:4册,按照不同技能编写为听力、口语、阅读、写作4册教材。各册注意突出不同技能的特殊要求,侧重培养学习者某一方面的技能,同时也注意不同技能相互间的配合。为达此目的,技能系列商务汉语教材既有分技能的细致讲解,又按照商务汉语需求提供大量有针对性的实用性练习,同时也为准备参加商务汉语考试(BCT)的人提供高质量的应试培训材料。

第2组:4册,商务汉语技能练习册。其中综合练习册(BCT模拟试题集)2册,专项练习册2册(一本听力技能训练册、一本阅读技能训练册)。

系列三,速成系列商务汉语教程,6册。其中包括:

初级2册,以商务活动中简单的生活类任务为主要内容,重在提高学习者从事与商务有关的社会活动的能力;

中级2册,包括生活类和商务类两方面的任务。教材内容基本覆盖与商务汉语活动有关的生活、社交类任务和商务活动中的常用业务类任务;

高级2册,选取真实的商务语料进行编写,着意进行听说读写的集中教学,使学习者通过学习可以比较自由、从容地从事商务工作。

本套商务汉语系列教材具有如下特点:

1. 设计理念新。各系列分别按照任务型和技能型设计,为不同需求的学习者提供了广泛的选择空间。

2. 实用性强。既能满足商务工作的实际需要,同时也是BCT的辅导用书。

3. 覆盖面广。内容以商务活动为主,同时涉及与商务活动有关的生活类功能。

4. 科学性强。教材立足于商务汉语研究基础之上,吸取现有商务汉语教材成败的经验教训,具有起点高、布局合理、结构明确、科学性强的特点,是学习商务汉语的有力助手。

总之,本套商务汉语系列教材是在第二语言教材编写理论指导下完成的一套特点鲜明的全新商务汉语系列教材。我们期望通过本套教材,帮助外国朋友快速提高商务汉语水平,快速走进商务汉语世界。

新丝路商务汉语系列教材编写组

于北京大学勺园

新丝路商务汉语系列教材总目

新丝路商务汉语综合系列	李晓琪　主编
新丝路初级商务汉语综合教程Ⅰ	章　欣　编著
新丝路初级商务汉语综合教程Ⅱ	章　欣　编著
新丝路中级商务汉语综合教程（生活篇）Ⅰ	刘德联　编著
新丝路中级商务汉语综合教程（生活篇）Ⅱ	刘德联　编著
新丝路中级商务汉语综合教程（商务篇）Ⅰ	蔡云凌　编著
新丝路中级商务汉语综合教程（商务篇）Ⅱ	蔡云凌　编著
新丝路高级商务汉语综合教程Ⅰ	韩　曦　编著
新丝路高级商务汉语综合教程Ⅱ	韩　曦　编著

新丝路商务汉语技能系列	李晓琪　主编
新丝路商务汉语听力教程	崔华山　编著
新丝路商务汉语口语教程	李海燕　编著
新丝路商务汉语阅读教程	林　欢　编著
新丝路商务汉语写作教程	林　欢　编著
新丝路商务汉语考试阅读习题集	李海燕　编著
新丝路商务汉语考试听力习题集	崔华山　编著
新丝路商务汉语考试仿真模拟试题集Ⅰ	李海燕　林　欢　崔华山　编著
新丝路商务汉语考试仿真模拟试题集Ⅱ	李海燕　崔华山　林　欢　编著

新丝路商务汉语速成系列	李晓琪　主编
新丝路初级速成商务汉语Ⅰ	蔡云凌　编著
新丝路初级速成商务汉语Ⅱ	蔡云凌　编著
新丝路中级速成商务汉语Ⅰ	崔华山　编著
新丝路中级速成商务汉语Ⅱ	崔华山　编著
新丝路高级速成商务汉语Ⅰ	李海燕　编著
新丝路高级速成商务汉语Ⅱ	李海燕　编著

编写说明

本书是新丝路高级商务汉语综合系列教材的高级篇，适用于汉语水平达到中级以上学习者。完成了这两册的学习后，学习者可以较完整地掌握商务活动所需要的语言、文化知识，并能从事商务活动。

全书分Ⅰ、Ⅱ两册，各8个单元。第一册主要以商务贸易为主，内容包括欢迎宴会、商务考察、贸易谈判、运输保险、争端与仲裁、海关商检、银行税务和股票基金。第二册以企业生产管理为主，内容包括招聘、企业管理、生产经营、劳资纠纷、广告销售、售后服务、知识产权和社会公益等内容。

本书的主要特点是：

第一，实用性。紧密结合商务汉语考试（BCT）大纲安排教学内容，并与该系列初、中级教材在内容和形式上有所衔接。

第二，商务场景化。课文涉及了主要商务活动的方方面面，内容丰富，形式新颖，场景活泼，对话生动。

第三，串珠式课后练习设计。每课之后的练习，既是课文知识的延伸和呼应，又是课文内容的补充和巩固，对使用者很有帮助。

第四，较广的知识覆盖。对涉及的商务活动中有关背景知识和文化知识，均有较全面介绍。

本书是为打算在中国从事商务活动且汉语已经达到一定水平的学习者编写的。教材中每个单元都表现了某一特定商务活动的主要情景，课文和练习相辅相成，同时兼顾了各项语言技能在商务活动中的实际运用。学习者通过对课文的学习，完成课后提供的练习，便可以掌握在中国从事商务活动的基本语言技能。需要指出的是，"练一练"中有相当一部分是任务型的练习，学习者应该尽可能地自己查找和收集完成该练习所需要的背景材料，以满足日后商务活动中的实际需要。

本书在编写过程中得到了李晓琪教授的关心与支持，责任编辑刘正老师也提出了许多宝贵的意见和建议，在此致以诚挚的谢意。由于编者水平有限，书中可能还会有一些疏漏和不足，敬请批评指正。

编　者

目 录

第一单元　招贤纳士 ··· 1
　　一、招聘 ··· 1
　　二、猎头公司 ·· 5
　　三、简历 ·· 13

第二单元　企业管理 ·· 15
　　一、工厂生产 ·· 15
　　二、工厂管理 ·· 19
　　三、企业规划 ·· 22

第三单元　生产经营 ·· 26
　　一、扩大再生产 ·· 26
　　二、新产品开发 ·· 30
　　三、技术创新 ·· 35

第四单元　劳资纠纷 ·· 39
　　一、企业裁员 ·· 39
　　二、另谋高就 ·· 43
　　三、职业培训 ·· 48

第五单元　广告销售 ·· 52
　　一、产品广告 ·· 52
　　二、产品推销 ·· 58
　　三、产品国际化 ·· 61

第六单元　售后服务 ... 65
　　一、售后服务 ... 65
　　二、服务条款 ... 70

第七单元　知识产权 ... 76
　　一、申请专利 ... 76
　　二、版权所有 ... 80

第八单元　社会公益 ... 86
　　一、企业文化 ... 86
　　二、公益活动 ... 90

听力原文 ... 97

词语总表 ... 102

第一单元　招贤纳士

一、招　聘

（下面是应届毕业生小王和某公司人力资源部李先生的一段对话）

小　　王：您好。我在报纸上看到贵公司的招聘广告，我对这个职位很感兴趣。

李先生：好啊。能否请你先简单自我介绍一下。

小　　王：好。我是北京工贸大学管理系的应届毕业生。我在大学里主修工商管理。

李先生：你在大学期间是否在哪儿实习过？有没有什么工作经验？

小　　王：在大四的时候曾经在浩宇公司实习过三个月。这是一家中意合资的贸易公司。

李先生：那你在这家公司的哪个部门实习？

小　　王：主要是在办公室工作，协助总经理秘书处理一些文字材料和对外宣传事务。

李先生：你的简历带来了吗？

小　　王：这是我的简历，还有一封自荐信。

李先生：好，放在这儿吧。我们会认真研究并尽快通知你结果。对了，顺便问一句，你在学校里是学生干部吗？

小　　王：我在大学期间连续四年被评为"优秀学生"，是我们学院的学生会主席。

李先生：好。今天就这样吧。我们会和你联系的。

词语

1. 招聘	zhāopìn	动	recruit and employ; invite application for a job
2. 职位	zhíwèi	名	position; post
3. 自我介绍	zìwǒ jièshào		self-introduction; introduce oneself to
4. 应届	yīngjiè	形	the present graduation year; current
5. 主修	zhǔxiū	动	specialize; major
6. 工商管理	gōngshāng guǎnlǐ		Business Administration
7. 实习	shíxí	动	practice
8. 简历	jiǎnlì	名	curriculum vitae; resume
9. 自荐信	zìjiànxìn	名	statement of recommend oneself (for a job)
10. 学生会	xuéshēnghuì	名	student self-government

学一学

> 那……
>
> 那你在这家公司的哪个部门实习？

"那（么）……"是口语中经常用到的一个词，连词，表示顺着上文的语意说出应该有的结果，或是作出自己的判断。上文可以是对方的话，也可以是自己提出的问题或假设。例如：

（1）既然董事会已经决定要在中国加大投资力度，那我们就赶紧做预算吧。

（2）如果你寒假不回家的话，那我们就一起去九寨沟旅游吧。

> 练一练

1. 根据提示，用"那（么）……"完成句子：

| 例：下雨，没带雨伞，停留 |
| 既然还在下雨，你又没带雨伞，那就在我家再停留一会儿，等雨停了再走。 |
| （1）在宴会上，不喝白酒，不喝葡萄酒，喝啤酒和果汁 |
| （2）大学的专业，喜欢绘画，建议报考建筑设计专业 |

2. 用课文中出现的词语填空：

王芳是北京某大学的_____毕业生。她在报纸上看到了一则_____广告，决定去应聘。在面试的时候，人事部的经理让她先做了一个简单的_____，然后询问她是否在哪个单位_____过。王芳告诉人事部经理说自己在_____的时候曾经到一家合资公司实习过。当时的主要任务是_____总经理秘书做一些文字处理工作。王芳还告诉人事部经理自己在大学里曾经是学院的_____主席。

3. 根据括号中的提示完成对话：

（1）A：我6月份就要毕业了，可是到现在工作还没有找到，真急人。

　　B：_____（人才交流会、招聘）

（2）A：请问你在大学里学的是什么专业？

　　B：_____（主修、国际贸易）

（3）A：你在大四的时候是否参加过一些社会实践活动？

　　B：_____（企业、实习）

（4）A：你和大学同学还经常见面吗？

　　B：_____（联系、聚会）

（5）A：到人才交流会去应聘工作，都需要准备哪些材料？

　　B：_____（简历、各种证书、自荐信）

4. 将下面可以搭配的词语用线连起来：

应届　　　　　　　　　　　　职位

协助　　　　　　　　　　　　业务

应聘　　　　　　　　　　　　毕业生

熟悉　　　　　　　　　　　　经验

工作　　　　　　　　　　　　工作

5. 假设你是某公司人事部经理。现在该公司需要招聘一名广告设计人员，你需要对前来应聘的人进行面试。在你们的对话中，要包括下面提示的所有内容：

6. 下面是海尔集团招聘启事，请你认真阅读，然后回答后面的问题：

　　海尔集团是世界第四大白色家电制造商，在全球30多个国家建立了本土化的设计中心、制造基地和贸易公司，全球员工总数超过七万人，重点发展科技、工业、贸易、金融四大支柱产业，已发展成全球营业额超过1500亿元规模的跨国企业集团。

　　自2002年以来，海尔品牌价值连续多年蝉联中国最有价值品牌榜首。海尔品牌旗下的冰箱、空调、洗衣机、电视机、热水器、电脑、手机、家居集成等18个产品被评为中国名牌，其中海尔冰箱、洗衣机还被国家质检总局评为首批中国世界名牌，2005年8月30日，海尔被英国《金融时报》评为"中国十大世界级品牌"之首。海尔已跻身世界级品牌行列，其影响力正随着全球市场的扩张而快速上升。

挑战自我、挑战明天，为创出中国人自己的世界名牌而持续创新！

全球的海尔、世界的舞台、国际化的海尔欢迎您！

1. 招聘岗位：

   ★顾客服务、物流、设备管理

2. 招聘人数及专业：

   ★顾客服务岗位 5 人

   　专业：理工类

   ★物流类岗位 10 人

   　专业：机械、自动化、物流管理、交通工程、交通运输

3. 招聘条件：

   ★应届本科及以上毕业生；身体健康，院校学生干部、三好学生优先

   ★本科要求英语四级在 425 分及以上，研究生要求英语六级在 425 分及以上。

   ★计算机：操作熟练，获省级以上有关资格证书优先

   更多详情请登录海尔集团网站：http://www.haier.net/cn/

(1) 章建军同学是某大学英语专业的应届毕业生。请问他是否可以在海尔集团的招聘广告上找到适合他的岗位？

(2) 小张和小王是同班同学，小王大学英语四级的成绩是 460 分，小张是 420 分。请问，哪一位更有可能被海尔集团录用？

(3) 如果小王希望了解海尔集团更多的信息，应该怎么办？

(4) 请问海尔集团的主打产品是什么？

二、猎头公司

（下面是一段介绍猎头公司的文章：）

"猎头"在英文里叫 headhunting，是一种十分流行的人才招聘方式，意思即指"网罗高级人才"。

猎头服务的出现，促进了社会经济体制中人力资源的流动和合理配置，猎头服务已成为企业求取高级人才和高级人才流动的重要渠道，并逐渐开始形成了一种产业。中国职业经理人市场的日渐成熟，促成了国内各大城市开始出现数以百计的猎头公司。

与人才交流中心不同，猎头公司采取隐蔽猎取、快速出击的主动竞争方式，为需要高级人才的客户猎取人才市场不易得到的高级人才，主要是总裁、总经理、人事总监、财务经理、市场总监、高级项目经理等高级管理人才，而人才交流中心的服务主要是"蓝领"人才、基础人才、微观区域人才。

猎头公司和简单的中介公司有很大不同。猎头公司不对个人收费，中介公司是谁需要对谁收费，个人要找工作就对个人收费，企业找人就向企业收费；猎头收费很高，而中介服务收费往往比较低；猎头公司需要提供人才评价、调查、协助沟通的顾问咨询服务，中介公司往往只是非常简单的撮合；猎头公司更多的是为能力强、职业道德好的人才服务，另外，中介公司更多地为普通找工作的人服务。

词语

1. 网罗	wǎngluó	动		enlist the services of；recruit
2. 配置	pèizhì	动、名		deploy；allocation；dispose
3. 日渐成熟	rìjiàn chéngshú			something becoming mature day by day
4. 促成	cùchéng	动		help to bring about；facilitate；help to materialize
5. 数以百计	shù yǐ bǎi jì			count by the hundreds
6. 隐蔽	yǐnbì	形		hidden；covered；cryptical
7. 猎取	lièqǔ	动		hunt for；pursue；seek

| 8. 撮合 | cuōhé | 动 | make a match; act as go-between; bring together |

学一学

> 所……
>
> 猎头公司所猎取的对象是高级管理人才。

"所"可以用在一个动词前面和这个动词一起做定语。例如：

(1) 这本书所涉及的内容是有关国际贸易的。

(2) 这家货运公司所面对的客户主要来自欧美国家。

练一练

1. 根据提示，用"所……"回答下列问题：

:	:
(1) 请问总经理，我们的开幕式将邀请哪些客人？	邀请的客人，包括上级主管部门，政界要人、有业务往来的客户、同行
(2) 你知道哪些食物中含有大量的蛋白质吗？	鸡蛋、鱼、肉

2. 根据课文内容回答下列问题：

(1) 猎头公司是一种什么样的机构？

(2) 猎头公司的服务对象是什么？

(3) 猎头公司产生和生存的原因是什么？

3. 将与猎头公司或中介公司有关的信息用线连起来。

　　　　　　　　　　　　● 是高级人才流动的一个渠道

　　　　　　　　　　　　● 向服务对象收费

　　猎头公司　　　　　● 为企业和找工作者牵线搭桥，进行撮合

　　　　　　　　　　　　● 服务方式是隐蔽猎取，快速出击

　　　　　　　　　　　　● 向企业提供人才评价、调查等服务

　　　　　　　　　　　　● 为企业寻找总裁、经理等高级管理人才

　　中介公司　　　　　● 不向个人收取服务费

　　　　　　　　　　　　● 向企业收取服务费

　　　　　　　　　　　　● 收取的服务费高

　　　　　　　　　　　　● 服务费便宜

4. 将下面可以搭配的词语用线连起来：

　　资源　　　　　　　成熟

　　举荐　　　　　　　服务

　　市场　　　　　　　产业

　　提供　　　　　　　流动

　　形成　　　　　　　人才

5. 用括号中的词语改写下列句子：

(1) 鸿图高科技公司近几年发展迅速的一个重要原因就是有一大批年轻有为的精英在为它工作。（网罗）

(2) 经过1年多的酝酿，董事会认为各方面的迹象都表明现在是进入中国市场的最好时机。（日渐成熟）

(3) 本届博览会吸引了很多企业。（数以百计）

(4) 张教授培养了许多优秀的学生，在他的帮助下，他们都找到了很好的工作。（举荐）

(5) 是王军介绍小张和小王认识的，他俩上个月结婚了。（撮合）

6. 下面是几则招聘广告，请你根据应聘者的情况，向他们建议去哪儿找工作。

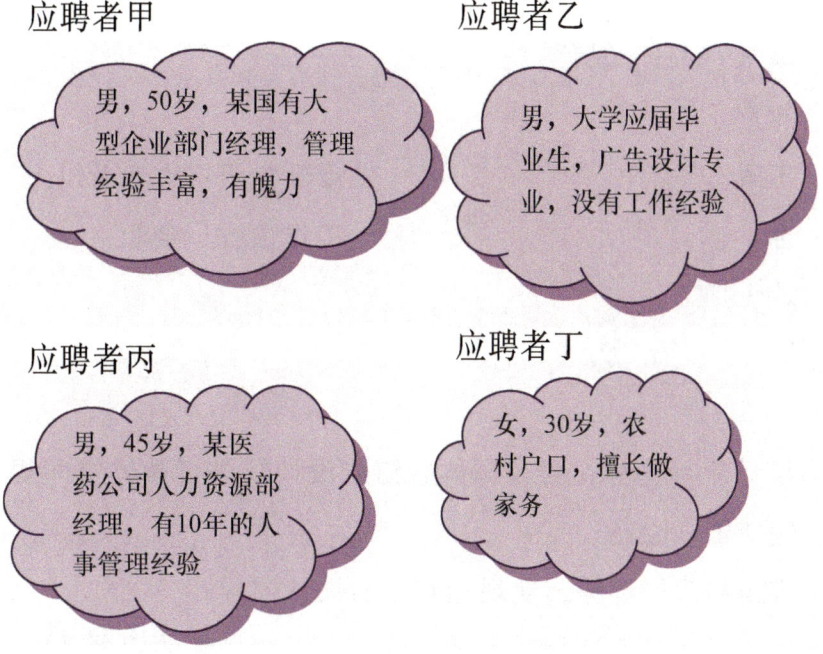

职位 A

职位类别： 家政服务

工作地点： 北京

工作经验： 不限　　　　　　　　**最低学历：** 不限

管理经验： 否　　　　　　　　　**工作性质：** 全职

招聘人数： 若干

职位描述／要求：

岗位职责：

为雇主提供日常家庭卫生清洁、家庭餐制作等计时性工作服务。

任职要求：

1. 愿意从事家庭服务工作，吃苦耐劳；

2. 为人诚实可信，无不良嗜好；

3. 有相关工作经验者优先。

联系方式： 010-4569875　　王先生

职位 B

职位类别：美术 / 设计 / 创意

工作地点：北京

工作经验：不限　　　　　　　　**最低学历**：大专及以上

管理经验：否　　　　　　　　　**工作性质**：全职

招聘人数：若干

职位描述 / 要求：

岗位职责：

1. 依据风格设计流行趋势，对公司体验馆或设计馆进行整体空间规划及配套展示设计，完成图纸绘制；
2. 依据每年推出的流行趋势，实现完整家居设计样板；
3. 定期对家居市场及行业竞争对手进行调研，了解最新的发展动向；
4. 定期进行图纸等资料的整理并及时提交归档。

任职要求：

1. 手绘能力强，熟练掌握 CAD、PS 及常用办公软件；
2. 具备较强的自主创新能力和设计能力；
3. 性格开朗，富有团队合作精神和沟通协调能力，文字处理能力较强；
4. 具有一定的英语读写能力。

联系方式：

联 系 人：人力行政管理中心　　吴先生

联系电话：010-58756725　　010-58756726

传　　真：010-58756726

邮　　编：100010

职位 C

职位类别： 人力资源

工作地点： 北京

工作经验： 5～10 年　　　　　　　　**最低学历：** 本科

管理经验： 是　　　　　　　　　　　**工作性质：** 全职

招聘人数： 1 人　　　　　　　　　　**职位月薪：** 8000～15000 元/月

职位描述/要求：

岗位职责：

1. 根据公司机构设置，组织公司人员的招聘，落实面试、笔试工作；

2. 负责与录用的员工签订劳动合同及相应合同管理；

3. 负责员工考勤工作的监督与执行；

4. 负责公司人员的各项保险福利的落实；

5. 负责公司各项人事文件的草拟及各类人事档案的归档；

6. 负责与有关人事的外部机构沟通、协调及处理相关事宜。

任职要求：

1. 具有良好的语言表达及沟通能力，亲和力强；

2. 熟悉人力资源工作流程及相关法律法规，两年以上人力资源工作经验；

3. 人力资源及相关专业本科学历。

联系方式： 010-6358496　　李小姐

职位 D

职位类别：销售／市场拓展／公关

工作地点：上海

工作经验：5～10 年　　　　　　　**最低学历**：本科

管理经验：是　　　　　　　　　　**工作性质**：全职

招聘人数：1 人　　　　　　　　　**职位月薪**：10000～30000 元／月

职位描述／要求：

工作职责：

1. 制定和实施公司总体销售战略、销售目标和销售计划，并根据市场动态及时调整销售计划与目标；
2. 追踪行业发展动态、提出相应销售策略，实现公司要求的销售目标；
3. 拓展、维护客户关系，扩大合作客户群，提升销售业绩；
4. 负责销售管理，制定和完善销售管理制度；
5. 定期向上级提供销售进展报表、新客户及销售人员发展情况、销售指标预测等。

职位要求：

1. 大学本科及以上学历，具有良好的英文水平；
2. 8 年以上销售工作经验、5 年以上销售管理经验；具有户外媒体行业的工作背景；
3. 优秀的销售业绩，能够承受较大压力；
4. 成熟的广告销售经验和广告市场经验，很强的问题解决能力，强烈的责任心；
5. 卓越的沟通协调能力、出色的领导能力和优秀的组织能力；
6. 创新的意愿和活力，优秀的团队精神和职业经理人操守。

联系方式：010-4897569　　马先生

三、简 历

简 历

姓　　名：陈平

性　　别：男

出生年月：1983 年 6 月

出 生 地：北京

联系电话：010-69809782

Email：chencheng66@hotmail.com

教育背景：

2005—2008　　硕士，清华大学机械工程系

2001—2005　　学士，华南理工大学计算机系

工作经历：

2008 年 6 月至今　　助理工程师，嘉伟机械制造集团

2007 年—2008 年　　　　实习，海王集团

个人爱好：

登山，阅读

个人性格特点：

性格活泼开朗，工作认真负责，有强烈的责任心，有幽默感。

> 练一练

1. 用课文中出现的词语填空：

陈平出生于_____年_____月，是_____人。他本科毕业于_____大学，后来又在清华大学读了_____。他在_____实习过，现在是嘉伟机械制造集团的_____。他喜欢登山和_____。他的性格开朗，工作_____，有强烈的_____和幽默感。

2. 根据课文内容回答下列问题：

（1）陈平今年多大了？

（2）陈平是研究生毕业吗？他的研究生是在哪一所学校读的？什么专业？

（3）陈平是应届毕业生吗？

（4）你觉得陈平的性格怎么样？

3. 假设你即将大学毕业，需要找工作，请你根据自己的情况和需要，仿照上面的格式，写一份200字左右的简历。

第二单元　企业管理

一、工厂生产

　　工厂生产是制造企业运行过程中的一个重要环节，是企业成功与否的关键。现代工厂应该注重提高管理层的管理水平，加强各部门与车间的沟通协调，培养职工的爱岗敬业精神，强化成本意识，使每一位员工都能将企业发展与个人利益紧密联系在一起，走"向素质要效益，向管理要利润"的路子。

词语

1. 运行	yùnxíng	动	run; work; operation
2. 环节	huánjié	名	link
3. 与否	yǔfǒu		or not
4. 注重	zhùzhòng	动	lay by stress; lay emphasis on; pay attention to
5. 管理层	guǎnlǐcéng	名	management echelon
6. 车间	chējiān	名	workshop; department; shop
7. 协调	xiétiáo	动	coordinate; concert; integrate; harmonize
8. 爱岗敬业	ài gǎng jìng yè		love one's post and respect one's work
9. 强化	qiánghuà	动	strengthen; intensify; consolidate
10. 意识	yìshi	名	consciousness
11. 紧密	jǐnmì	形	close together; inseparable
12. 素质	sùzhì	名	quality

学一学

> **将……联系在一起**
>
> 要使每一位员工都能将企业发展与个人利益紧密联系在一起。

"将"在这里是"把"的意思。例如：

(1) 人们常常将企业的声誉与它的产品质量联系在一起。

(2) 你不得不将这次生产事故与企业平时的管理混乱联系在一起。

练一练

1. 根据方框中的提示，完成对话：

:	:
(1) 人们如何评价一所学校的好坏？	校园环境，教师水平，升学率
(2) 好莱坞代表了什么？	美国文化，电影工业
(3) 一提到中国，你常常会想起什么？	长城，故宫，悠久的历史

2. 用课文中出现的词语填空：

质量监督是整个生产过程中的一个重要_____，是产品在市场上畅销与否的关键。为了让消费者始终喜爱你的产品，企业的管理层必须_____各部门和_____对质量的监督与控制，强化职工的质量_____，走"质量第一"的_____。

3. 用括号里的词语完成对话：

(1) A：你觉得在食品生产过程中，最重要的是什么？

　　B：_____(环节)

(2) A：你觉得中国和你们国家的教育方式和教育理念有什么不同？

　　B：_____(注重)

(3) A：小张和马克这两天似乎有些不愉快。

　　B：_____(沟通)

(4) A：这次招聘总经理办公室主任，应聘者必须具备哪些条件？

　　B：_____(协调能力)

（5）A：你在北大学习了两个月，汉语水平有了很大的提高。

B：_____（强化训练）

4. 将下面可以搭配的词语用线连起来：

强化　　　　　　　　　水平

加强　　　　　　　　　意识

企业　　　　　　　　　精神

提高　　　　　　　　　发展

培养　　　　　　　　　沟通

5. 假设你是某一汽车制造企业的总经理，某代表团正在参观你们的工厂。你需要向客人们介绍该工厂的生产情况。请你和你的同学就下面的提示进行对话练习。

1. 介绍工厂环境。

2. 介绍现在生产的汽车产品。

3. 介绍生产能力。

4. 介绍企业在节能环保方面所做的努力。

6. 假设你是一名记者,现在你需要去一家企业进行采访。请你和你的一位同学根据下面提供的信息,进行一段对话练习。在你们的对话中,要将下面提供的信息全部用上。

- 主要从事数字电视、液晶屏、投影设备等相关产品的技术研发、生产制造、产品营销、市场推广。
- 共有十几个生产不同产品的生产车间,生产设备先进,生产的产品在国际上具有领先水平。
- 具有博士学位的科研人员就有371人,占职工总人数的0.6%。大学本科以上学历的职工近半数。
- 产量居全国之首,仅背投电视一项,就有年产150万台的生产能力。各产品的市场占有份额超过20%。产品出口欧亚非各国。

听一听

请听录音,完成下列对话:

(云裳服装厂成衣车间主任王刚正在陪同新上任的美方厂长参观车间)

王　刚:史密斯先生,您瞧,这就是我们的_____。

史密斯:这个车间现在有多少台机器?有多少工人?

王　刚:有_____台缝纫机,_____个工人。

史密斯:每个在岗员工每天的工作量是多少?由谁来负责分派任务,进行质量把关?

王　刚：工人每天工作＿＿＿＿＿＿小时，每人缝制＿＿＿＿＿＿件服装。工厂实行＿＿＿＿＿＿。通常是由＿＿＿＿＿＿来分派任务，并进行质量抽查。最后＿＿＿＿＿＿对每一件成衣进行检查。

史密斯：车间是否有专人负责从仓库领取面辅料？有没有现场记录？

王　刚：通常是由当班的＿＿＿＿＿＿去仓库领料，然后分发给各个＿＿＿＿＿＿。

史密斯：很好。看来你们对这个车间管理得不错。

二、工厂管理

在制造型企业中，生产成本控制与价值分析是一个永恒的主题，是提高企业生产效益的核心手段，是企业管理的基本内容。它直接影响着现代企业的生存与发展。事实上，生产成本控制已经成为企业在竞争中占据有利位置的基础。因此，掌握生产计划、财务成本、物流成本、质量成本、设备维护成本以及现场成本等方面的管理方法，已经成为企业管理人员必备的技能。与此同时，企业应当在财务成本控制的基础上，进一步优化和改善各种管理成本，从而使企业获得更高的收益，提高市场竞争力和产品知名度。

词语

1. 控制	kòngzhì	动	control；dominate；regulate；govern
2. 永恒	yǒnghéng	形	eternal；perpetual
3. 核心	héxīn	名	core；kernel；heart；centre
4. 成本	chéngběn	名	cost
5. 竞争	jìngzhēng	动	competition
6. 占据	zhànjù	动	occupy；take over；hold

7. 财务	cáiwù	名	finance；financial affairs
8. 设备	shèbèi	名	equipment；device；facility
9. 维护	wéihù	动	keep；maintain；upkeep
10. 必备	bìbèi	动	must prepare for
11. 优化	yōuhuà	动	optimize
12. 改善	gǎishàn	动	improve；better；mend；modify

学一学

1. 与此同时

与此同时，企业应当在财务成本控制的基础上，进一步优化和改善各种管理成本，从而使企业获得更高的收益。

"与此同时"表示两件事情同时发生。例如：

(1) 他在一家大型国有企业担任执行总裁，与此同时，他又在南开经济管理学院进修。

(2) 为了使企业的发展能够更上一个台阶，他们一方面加大科研投入，积极开发新产品，与此同时，又制定各种优惠政策，吸引高科技人才。

2. 从而

进一步优化和改善各种管理成本，从而使企业获得更高的收益。

"从而"是连词，上文表示原因、方法等，下文表示结果、目的等。例如：

(1) 海尔公司长期以来一直走"质量第一"的路子，从而在国内外家电行业获得了较高的声誉。

(2) 华夏公司市场部的工作人员在将该产品推向市场之前，作了充分的市场调查，从而使该产品一上市就受到消费者的喜爱，获得了较大的利润。

练一练

1. 根据下面方框中的提示，用"与此同时"完成句子：

（1）北京，人均汽车拥有量，逐年增加，道路交通拥堵状况，日益严重
（2）经过几年的艰苦创业，公司产品的市场占有份额增加，产品质量提高
（3）马克，在北大学习半年多，中文水平有了很大提高，中国文化和历史知识也日益丰富

2. 根据下面方框中的提示，用"从而"完成句子：

（1）华夏公司，从国外引进了先进的生产线，提高了产品质量，降低了生产成本
（2）中国，加快住房建设步伐，新建了许多住宅，缓解了住房紧张的状况
（3）学校安排了校车，接送上学放学的学生，方便了学生和家长

3. 选词填空：

多批少量　　缩短　　发展　　激烈　　顾客　　加速　　特征

客户需求不断变化，技术创新不断_____，产品生命周期不断_____，市场竞争日趋_____。这些构成了影响现代企业生存与_____的三种力量：顾客（customer）、竞争（competition）和变化（change），即3C。过去的大量生产方式已不能使企业适应以3C为特征的外部环境，_____生产成为现代制造业最明显的_____，同时，根据_____的需求进行客户化的生产将成为未来生产的基础。

4. 请和你的同学讨论一下影响现代企业生存和发展的三种力量，在你们的讨论中要用到下列词语：

员工　　生产主管　　生产效率　　创新　　竞争　　多批少量　　管理混乱

| 产品生命周期 | 利润 | 订单 | 经济全球化 | 劳动报酬 | 生产模式 |

5. 假设你即将去某家合资企业担任总经理，下面几个方面的问题是你今后需要面对和考虑的。请你任命几个同学分别担任各个部门的经理或主管，然后你们就这些问题分别进行讨论。你可以先听他们的汇报，然后提出你的观点：

(1) 生产车间按时完成生产计划，保证产品质量

(2) 原料供给部门及时提供原材料，保证原料供应

(3) 人力资源部做好职工的招聘、培训和管理

(4) 市场部做好市场调查，制定合理的生产计划

(5) 销售部门如何将产品推向市场，扩大市场份额

三、企业规划

作为钢材消耗大户的汽车企业，近几年的飞速发展带动了钢铁行业的迅猛发展。在汽车生产的原材料中，钢铁的比重占总消耗量的60%~70%，预计2015年消费量将达到2686.3万吨，2020年为2581.9万吨。

在我国汽车行业发展初期，国内钢铁企业对于中国汽车工业如此迅猛的发展速度始料不及，造成国产钢材的供应量远远不及汽车企业的需求量。大量的汽车用钢还需要从国外进口，这样就造成了成本不能得到有效的控制。

随着汽车工业的深度发展，对与之配套的工业生产环节也提出了较高的要求，尤其在制造成本上，大部分中国汽车企业开始采用了国产钢材。有数据显示，中国汽车用钢国产化率已达 90%以上。汽车用钢国产化率的提高降低了汽车生产企业的原料成本。

词语

1. 钢材	gāngcái	名	steel products；steels
2. 消耗	xiāohào	动	consume；use up；expend
3. 迅猛	xùnměng	形	swift and violent
4. 比重	bǐzhòng	名	proportion
5. 始料不及	shǐ liào bù jí		beyond expectation；against expectation
6. 尤其	yóuqí	副	especially；particularly
7. 国产	guóchǎn	形	Chinese-made；made in our country

学一学

尤其

随着汽车工业的深度发展，对与之配套的工业生产环节也提出了较高的要求，尤其在制造成本上。

"尤其"是副词，表示更进一步。例如：

(1) 随着中国经济的发展，希望了解中国文化的外国人越来越多，尤其是近几年，"汉语热"已经在世界各地形成。

(2) 他非常喜欢中国民乐，尤其喜欢听二胡独奏的乐曲。

练一练

1. 根据下面方框中的提示，完成对话：

| (1) 现在来北大学习的留学生多吗？ |
| (2) 中国的物价贵吗？ |
| (3) 你喜欢吃中国菜吗？ |

| 逐年增加，日本、韩国学生 |
| 东西很便宜，电器产品，像手机等 |
| 喜欢，鱼香肉丝，麻婆豆腐 |

2. 用课文中出现的词语填空：

(1) 随着中国经济的发展，越来越多的高科技产品实现了_____。

(2) 近两年，来华留学的人数有了_____增加，特别是日本和韩国的留学生数量增长迅速。

(3) 跑马拉松需要_____大量的体力。

(4) 这次比赛他们输得这么惨是全体观众_____的。

3. 根据课文内容回答下列问题：

(1) 中国钢铁行业近几年快速发展的原因是什么？

(2) 是什么原因导致汽车制造成本得不到有效控制？

(3) 2015年，预计有多少吨钢材将用于汽车制造业？

(4) 如何才能降低汽车生产企业的原料成本？

4. 假设你是某一家企业的首席执行官，下面的内容向你提示了你们企业发展的几个阶段，请你根据这些提示，向你的同学介绍你们企业的发展历史及其战略规划：

名牌战略阶段（1984年—1991年）
特征：只有冰箱一个产品，探索并积累了企业管理的经验，为今后的发展奠定了坚实的基础，总结出一套可移植的管理模式。

多元化战略阶段（1992年—1998年）
特征：从一个产品向多个产品发展，到1998年已有几十种产品，从白色家电进入黑色家电领域，在最短的时间里以最低的成本把规模做大，把企业做强。

国际化战略阶段（1998年—2008年）
特征：产品批量销往全球主要经济区域市场，有自己的海外经销商网络与售后服务网络，产品在国际上已经有了一定知名度、信誉度与美誉度。

为了适应全球经济一体化的趋势，今后企业的战略规划将是……

第三单元　生产经营

一、扩大再生产

　　一个企业在经历了创业的初级阶段之后，随着生产和销售逐步进入正常轨道，随着企业利润逐渐增长，企业的高层管理人员此时都会不约而同地考虑同样的问题，即如何进一步扩大再生产，如何占有更大的市场份额。要想圆满地解决这个问题，寻找价格相对低廉的劳动力市场，并在那儿建立一个新的生产基地，这是一种不错的选择。当然，在选址建基地的时候，除了要考虑劳动力的因素之外，当地的交通环境，原料供给的便利与否，以及技术力量的培训等都将是不可忽略的重要因素。

词语

1. 不约而同	bù yuē ér tóng			do or think the same without prior consultation; act in concert without previous arrangement
2. 占有	zhànyǒu	动		own；possess；have
3. 份额	fèn'é	名		share；portion
4. 圆满	yuánmǎn	形		satisfactory；successful
5. 相对	xiāngduì	副		relatively；comparatively
6. 低廉	dīlián	形		cheap；low
7. 忽略	hūlüè	动		ignore；neglect；overlook

学一学

1. 不约而同

> 企业的高层管理人员此时都会不约而同地考虑同样的问题。

表示事先没有约定而相互一致。约指约定。例如：

（1）马克和小李都不约而同地说，今年春节他们准备去昆明旅游。

（2）当提到要挑选一位同学去参加学校今年的迎新晚会时，大家都不约而同地想到了能歌善舞的玛丽。

2. 如何

> 如何占有更大的市场份额。

"如何"是疑问代词，表示"怎么，怎么样"的意思。例如：

（1）你购买摄像机的同时会赠送你一张光碟，上面有指导你如何操作的具体说明。

（2）总经理在记者招待会上向大家介绍了该企业如何在激烈的竞争中迅速占领市场的成功经验。

3. 除了……之外

> 除了要考虑劳动力的因素之外，当地的交通环境，原料供给的便利与否，以及技术力量的培训等都将是不可忽略的重要因素。

"除了……之外"表示在什么之外，还有别的，常跟"还、也、只"等连用。例如：

（1）宏图集团除了经营医药器材和健身产品外，还涉足医疗保险行业。

（2）一家企业如果要想在激烈的市场竞争中站稳脚跟，除了要狠抓产品质量之外，员工的团队精神和责任感也是不容忽视的重要因素。

练一练

1. 根据下面方框中的提示，用"如何"完成句子：

(1) 大学网页上，专业信息，申请研究生
(2) 大卫喜欢吃麻婆豆腐，专门去四川，学习
(3) 老师，在教室里，给学生演示，使用电脑

2. 根据下面方框中的提示，用"除了……之外"完成对话：

👤：

👤：

(1) 你们公司主要生产什么产品？	空调冰箱等家用电器，等离子、液晶电视机
(2) 你通常周末都是怎么过的？	在宿舍看书、看电视，和朋友聊天，去看电影
(3) 听说你会好几国语言，是吗？	母语是英语，会中文、日文、法语

3. 用"不约而同"改写下面的句子：

(1) 北京奥运会开幕式是那届赛事的亮点。
(2) 万里长城是中华文明的瑰宝。

4. 用课文中出现的词语填空：

鸿运集团在经历了长达三年的艰苦创业后，_____和销售都已进入稳步增长阶段。为了更多地占有市场_____，董事会决定一方面加大科研经费的投入，开发更多的自主创新产品，同时在_____相对便利、_____相对便宜的地区建立一个新的_____，以便进一步_____再生产。

5. 看看你能给下列动词后面加上几个适当的词语：
(1) 增加—|利润|，_____，_____，_____，
(2) 占有—|市场份额|，_____，_____，_____，
(3) 寻找—|市场|，_____，_____，_____，

6. 假设你是嘉能汽车制造公司的总经理，你现在需要向董事会汇报有关新的生产基地建设项目的事情。在你的汇报中，需要用到下面提供的信息。

中国政府积极发展汽车工业，希望通过汽车消费拉动内需。新的生产基地建设得到了政府的支持。

虽地处内陆，远离东南沿海发达城市，但中央政府鼓励在此投资，出台了许多优惠政策。

人口众多，劳动力资源丰富，价格相对低廉；地域辽阔，土地价格便宜，可以降低投资成本。但是交通并不发达。

建成后的生产基地占地185万平方米，将具备年产40万辆整车和25万台发动机的生产能力。

7. 请在词典中查找下列方框中词语的意思，然后选择最佳词语填入下列对话中：

生产线	组装	装配	缺陷	生产指标	承接	抽检	成品
半成品	承接	耗资	投资	原料	来料加工		

(1) A：为了适应产品上市周期短，更新换代快的特点，公司总部计划再建一条_____。

B：该生产线将_____多少？

A：目前拟_____两个亿，计划在明年10月份建成投产。

B：该生产线设计年生产能力为多少？

A：如果_____供应不出现问题，每年能完成300万台的生产能力。

(2) A：这是我们的生产车间，这里有20条生产线，每个季度的生产指标是80万件_____。

B：贵厂主要生产自主品牌，还是……？

A：我们主要是_____，_____委托方的服装加工业务。不过我们正在着手设计自己的品牌服装。

8. 用下列词语和你的同学完成一段讨论如何扩大再生产的对话。

> 增加、总产量、位居、本地化研发、自主创新、
> 核心技术、海外生产基地、开拓、净资产收益率

二、新产品开发

（下面是某公司经理在其新产品发布会上的一段讲话：）

> 各位来宾，下午好！
>
> 欢迎大家在百忙之中抽出宝贵的时间参加我们的新产品发布会。请看大屏幕。这是我国第一台拥有完全自主知识产权的大型太阳能发电机，它标志着中国利用太阳能的技术已经开始步入自主创新阶段。由于我们真正掌握了太阳能发电机的最核心技术，中国广大的偏远山区将从此告别黑暗，迎来光明。

这款新型太阳能发电机被命名为"蓝色曙光",因为蓝色代表着环保,代表着高科技,也代表着希望。

蓝色曙光太阳能发电机的诞生,可以说是中国发电机生产行业的一次革命,它使中国的太阳能发电机制造业第一次真正具备了跻身世界科技先进行列的能力,实现了从"中国制造"到"中国创造"的飞跃。

词语

1. 百忙	bǎimáng	名	while fully engaged;in the thick of things
2. 发布会	fābùhuì	名	release;announcement
3. 屏幕	píngmù	名	screen
4. 太阳能	tàiyángnéng	名	solar energy
5. 发电机	fādiànjī	名	alternator;electric generator
6. 标志	biāozhì	动	designate;indicate;symbolize
7. 步入	bùrù	动	step into
8. 偏远	piānyuǎn	形	remote;faraway
9. 款	kuǎn	量	model;pattern;style
10. 曙光	shǔguāng	名	first light of morning;dawn
11. 环保	huánbǎo	名	environmental protection
12. 跻身	jīshēn	动	squeeze into
13. 飞跃	fēiyuè	动	leap;advance in development by leaps and bounds

练一练

1. 根据课文内容,回答下列问题:

(1) 这台大型发电机有什么特色?

(2) 蓝色曙光的研制成功标志着什么?

(3) 这台发电机的名字有什么特别的意义吗？

(4) 你能说出"中国制造"和"中国创造"的区别吗？

2. 在下列动词后加上适当的名词，构成动宾结构。

(1) 抽 ＿＿＿＿＿、＿＿＿＿＿、＿＿＿＿＿、＿＿＿＿＿

(2) 掌握 ＿＿＿＿＿、＿＿＿＿＿、＿＿＿＿＿、＿＿＿＿＿

(3) 告别 ＿＿＿＿＿、＿＿＿＿＿、＿＿＿＿＿、＿＿＿＿＿

(4) 利用 ＿＿＿＿＿、＿＿＿＿＿、＿＿＿＿＿、＿＿＿＿＿

(5) 拥有 ＿＿＿＿＿、＿＿＿＿＿、＿＿＿＿＿、＿＿＿＿＿

3. 用括号中的词语完成对话：

(1) A：请问，贵公司研制这种太阳能发电机的意义何在？

B：＿＿＿＿＿＿＿＿＿＿＿＿＿＿＿＿＿＿＿＿＿＿（标志）

(2) A：这家商店里的电视机真多，我都不知道该买哪一种了。

B：＿＿＿＿＿＿＿＿＿＿＿＿＿＿＿＿＿＿＿＿＿＿（款）

(3) A：你的老家在哪儿？

B：＿＿＿＿＿＿＿＿＿＿＿＿＿＿＿＿＿＿＿＿＿＿（偏远）

(4) A：请问，你们这次出访的目的是什么？

B：＿＿＿＿＿＿＿＿＿＿＿＿＿＿＿＿＿＿（核心、投资环境）

(5) A：ABC大学最近引进了很多知名的学者教授。

B：＿＿＿＿＿＿＿＿＿＿＿＿＿＿＿＿＿（跻身、一流大学之列）

4. 目前高科技产品，如手机、电脑等，更新换代非常快。下面是一款新手机的一些资料信息，请你根据提示，向你的同学介绍一下。你也可以到网上查找一些资料，然后向你的同学介绍其他新产品。

≫ 品牌型号：诺基亚 N9
≫ 参考价格：2499
≫ 上市时间：2011
≫ 外观设计：直板
≫ 手机类型：3G手机，智能手机，拍照手机
≫ 摄像头像素：前：300万像素，后：800万像素

外观设计

外观设计	直板
产品天线	内置天线
机身颜色	银灰/绛紫，霜白/金属红，霜白/咖啡棕
产品尺寸	116.45×61.2×12.1mm
手机重量	135g

基本性能

手机类型	3G 手机，智能手机，拍照手机
支持频段	2G：GSM850/950/1800/1900 3G：WCDMA850/900/1700/1900/2100MHz
网络模式	GSM，WCDMA
理论通话时间	660 分钟（2G），420 分钟（3G）
理论待机时间	360 小时（2G），450 小时（3G）
屏幕色彩	854×480 像素 1600 万色
屏幕材质	AMOLED
上市日期	2011
标准配置	锂电池（BP-6M 1100mAh），充电器，立体声耳机 HS-23

通讯性能

输入法	中文输入方式
短信功能	中文短信
E-Mail	电子邮件（SMTP、IMAP4、POP3）

娱乐性能

摄像功能描述	有声视频拍摄；最长可拍摄 186 分钟，视频拍摄支持 8 倍变焦

5. 下面是两款不同的电脑，请你比较一下它们的不同之处。你认为哪一款更好一些？请说出你的理由来。

型号 A

- 屏幕尺寸：23 英寸
- CPU 型号：Intel 酷睿 i5 2320
- CPU 频率：3000MHz
- 内存容量：4GB DDR3 1333MHz
- 硬盘容量：1TB SATA
- 显卡芯片：NVIDIA GeForce GT 545 1GB
- 光驱类型：DVD 刻录机
- 操作系统：Windows 7 Home Premium
- 产品类型：家用电脑
- 显卡类型：独立显卡
- 声卡描述：集成 7.1 声卡
- 网卡描述：1000Mbps 以太网卡

型号 B

- 屏幕尺寸：21.5 英寸
- CPU 型号：AMD 闪龙 X2 190
- CPU 频率：2500MHz
- 内存容量：2GB DDR3 1066MHz
- 硬盘容量：500GB 7200 转，SATA2
- 显卡芯片：AMD Radeon HD 6350 512MB
- 光驱类型：DVD-ROM
- 操作系统：DOS
- 产品类型：家用电脑
- 显卡类型：独立显卡
- 声卡描述：集成
- 网卡描述：1000Mbps 以太网卡

三、技术创新

（在宏创集团的新闻发布会上）

总经理： 我公司今后两年的战略是加大科研投入，引进高科技人才，增强自主研发的能力。

记　　者： 贵公司在此之前主要以技术引进为主，生产组装产品或零配件，现在突然要改变生产模式，走自主创新的路子。我想请问一下，对于这种转变，贵公司是否做了充分的准备？

总经理： 我想强调的一点是，自主创新并非另起炉灶，而是充分利用我们这些年积累的经验，整合利用全球资源，在提高自主创新能力、掌握先进技术上下功夫。

记　　者： 如此说来，贵公司是早有准备的，是吗？

总经理： 对。早在企业成立之初，我们就十分清楚地意识到自主创新是企业持续发展的必由之路。为了确保我们的研发能力始终站在国内外太阳能发电机技术前沿，我们先后与日本、美国和德国的知名企业建立了合作关系，我们的科研人员直接参与开发和攻关，博采众家之长，由此，我们成为中国太阳能发电机行业首个进入世界技术前沿的企业。在今后的两年中，我们还将进一步加大这方面的力度。

词语

1. 另起炉灶	lìng qǐ lúzào		begin all over again；make a fresh start
2. 整合	zhěnghé	动	integrate
3. 必由之路	bì yóu zhī lù		the route one must take；the only route which must be passed；the only road

4. 博采众家之长 bó cǎi zhòng jiā zhī cháng　learn widely from other's strong points

5. 前沿　　　　　qiányán　　　　　名　　forward position；frontier；front edge

学一学

1. 并非……而是……

自主创新并非另起炉灶，而是充分利用我们这些年积累的经验。

意思是"并不是……而是……"，表示选择，否定前者，肯定后者。例如：

(1) 其实嘉能的主打产品并非家居用品，而是医疗器械。

(2) 宏图集团将资金从房地产领域撤出，转而投入到汽车领域，并非集团的资金链出现了问题，而是为了蓄积力量，在汽车行业寻求更大的发展。

2. 如此说来

如此说来，贵公司是早有准备的。

"如此"是代词，表示"这样"，"如此说来"是根据上文推断的结果，有"如果是这样的话"的意思。例如：

(1) A：我们的原料供应商上个月破产了，我们原料库存已经不多了。

　　B：如此说来，我们的原料供应成了一个大问题，这个月的生产计划有可能完不成了。

(2) A：天气预报说今天晚上有暴雪。

　　B：如此说来，明天机场将会关闭，所有的航班有可能延误。

练一练

1. 根据下面方框中的提示，用"并非……而是……"完成句子：

(1) 大卫今年没有申请入系学习，HSK 没有达到要求，美国的一所大学提供研究生奖学金
(2) 约翰非常喜欢滑雪，但是他这个周末没有去，因为他感冒了
(3) 李莎为了更好地了解中国文化，搬到了一个中国人家里去住了

2. 根据下面方框中的提示,用"如此说来"完成对话:

(1) 学院已经宣布了今年暑假将组织研究生去西部实习。	不能外出去旅游了。
(2) 中国政府决定要加大对西部地区的教育投入。	建立更多的希望小学,有更多的孩子能够接受义务教育。
(3) 近日中国南方连降暴雨。	今年可能再次出现洪灾。

读一读

随着社会和经济的高速发展,"提高自主创新能力"被提升到了一个重要的战略高度。然而,越来越多的人认识到"创新"二字绝非易事。我国的自主创新之路还面临着种种困难和障碍。

核心技术和关键技术的缺失,既是我国自主创新要解决的高端问题,又是严重制约国内创新活动开展的重要因素。由于缺少拥有自主知识产权的核心技术,我国不少行业存在产业技术空心化的危险。我国虽然是DVD播放机生产大国,但因不掌握核心技术,每出口一台价值40美元的播放机就要向国外公司交纳20美元专利使用费。

国内的一些企业和院校把产学研一条链从头做到尾,这种"小而全"的模式分散了社会资源,难以产生重大突破和规模效应。一些行业的产业链支离破碎,有大量空白没人填补,另一些环节却"千军万马过独木桥"。因此要防止因倡导提高自主创新能力而引发的新一轮盲目投资,要对自身的能力和特点有清醒的认识,明白自己能做什么,不能做什么,据此做出科学的规划,合理的布局。

此外,企业自主创新急需大量资金,但无法及时便利地从合法的金融机构获取,因此一些民营企业只好通过地下钱庄来解决。而外部竞争环境的不公平更人为地对民营企业自主创新设置了障碍。

(文章摘自《中国青年报》2005年11月8日。有删改。)

1. 根据文章内容回答问题：
   （1）中国的技术创新面临着哪些困难和障碍？
   （2）中国为什么每出口一台价值40美元的DVD播放机就要向国外公司交纳20美元？
   （3）"小而全"模式有什么缺点？
   （4）民营企业的创新活动有什么困难？
2. 你能猜出来"千军万马过独木桥"是什么意思吗？如果不知道，请你查词典。

第四单元　劳资纠纷

一、企业裁员

（在宏创科技有限公司办公室）

王大伟：李萍，你有没有发现最近总经理的心情不太好？

李　萍：你还不知道吗？我们公司有可能被新科集团收购。

王大伟：是吗？难怪总经理最近总是面色忧郁。

李　萍：我们现在前途未卜，有可能凶多吉少。

王大伟：对呀。一旦收购成功，首先面临的就是人员调整，我们都有可能被裁掉。

李　萍：是的。大家都在做两手准备。

王大伟：对，是应该早做准备。不过这也许不是一件坏事，你没听说"树挪死，人挪活"吗？

词语

1. 心情	xīnqíng	名	mood；feeling tone
2. 收购	shōugòu	动	purchase；buy
3. 难怪	nánguài	副	no wonder
4. 面色忧郁	miànsè yōuyù		have a melancholy look；look worried

5. 前途未卜	qiántú wèi bǔ		hanging in the balance; an ambiguous future; the future remains problematic; the prospects remain undecided
6. 凶多吉少	xiōng duō jí shǎo		be fraught with grim possibilities; bode ill rather than well; forebode disasters rather than blessings
7. 面临	miànlín	动	be faced with; be confronted with; be up against; frontage
8. 调整	tiáozhěng	动	adjust; turn-up
9. 裁	cái	动	reduce; cut down

学一学

1. 难怪

难怪总经理最近总是面色忧郁。

"难怪"表示知道了原因,有"怪不得"的意思,表示明白了原因,对某种情况就不觉得奇怪了。例如:

(1) 难怪他那么高兴,原来是中大奖了。

(2) 原来他病了,难怪他昨天没有来上课。

(3) 宏创集团给了他双倍的薪水,难怪他辞职了。

2. 凶多吉少

我们现在前途未卜,有可能凶多吉少。

凶多吉少:凶:不幸;吉:吉利。表示事情的发展趋势不妙,凶害多,吉利少。例如:

(1) 他昨天做了胃切除手术,但是估计凶多吉少,癌细胞还是会扩散的。

(2) 考试结果明天就会出来,但是我估计凶多吉少,他这次考上大学的希望很小。

第四单元 劳资纠纷

> 练一练

1. 根据方框中的提示，用"难怪"完成句子：

（1）在小吃摊上乱吃东西	拉肚子
（2）暴风雪	机场关闭
（3）公司业绩下滑	总经理辞职

2. 用课文中出现的词语填空：

王大伟最近感觉办公室里的气氛有些紧张，总经理总是＿＿＿＿＿＿的，向李萍一打听才知道公司有可能被＿＿＿＿＿＿。同事们都觉得＿＿＿＿＿＿，因为一旦收购成功，就＿＿＿＿＿＿着人员调整，有被＿＿＿＿＿＿的可能，因此，大家都在做两手准备。不过王大伟倒是觉得这也许不是一件坏事，中国有句古话说"＿＿＿＿＿＿"，这也许就是他另谋高就的一次机会。

3. 用括号中的词语完成下列对话：

（1）A：你这次考研究生应该考得还不错吧？

　　B：＿＿＿＿＿＿＿＿＿＿＿＿＿＿＿＿＿＿＿＿＿＿（凶多吉少）

（2）A：整个世界都受到经济危机的影响，你们公司怎么样？能否幸免于难？

　　B：＿＿＿＿＿＿＿＿＿＿＿＿＿＿＿＿＿＿＿＿＿＿（前途未卜）

（3）A：在当前的经济形势下，贵公司将如何迎接挑战？

　　B：＿＿＿＿＿＿＿＿＿＿＿＿＿＿＿＿＿＿（面临、提高市场份额）

（4）A：金融危机让很多企业的高级职员都丢掉了饭碗。

　　B：＿＿＿＿＿＿＿＿＿＿＿＿＿＿＿＿＿＿＿＿＿＿（调整、心态）

4. 下面方框中是公司裁员前的一些征兆。假设你和你的同学是该公司的员工，请选择其中一种就有关裁员问题进行对话练习：

A：

公司内部网上公布的市场业绩报告显示彩电在市场上的销售连续呈现下滑趋势，公司未来很可能要减少对该产品的投入，甚至停产。产品没有了，相关人员自然也要被裁掉。

B：

公司的高层管理部门发生人事变动。高层的任职或免职是与他的业绩直接相关的。如果某个部门的业绩不佳，而高层又被炒，很可能是大规模裁员的前奏。

C：

各大公司在决策层做出裁员决定后，裁员的具体任务就落到人事部门了。人力资源部在公司裁员前一般会组织员工参加培训，请专家讲一些如何调整心态、适应变化的课程。

5. 假设你的一个朋友正面临被炒鱿鱼的命运，你需要教他如何摆脱目前的困境。下面的一些词语可以供你们参考：

甲：

高层频繁开会，人心惶惶，人人自危

丢掉饭碗，名副其实的"负翁"

说起来容易做起来难，大道理，面临，卷铺盖走人

众所周知的忧患意识，远水解不了近渴

有道理，"此处不留爷，自有留爷处"

乙：

被炒鱿鱼，常事，自我释放压力，轻松应对

求职者，全新的就业观念，拓宽就业渠道，有应对市场多变的能力

有职业危机感，培养，加强，沟通能力，协调能力，管理能力

调整心态，轻松应对，配合公司顺利交接，避免反目成仇

应聘，新职位，薪资，上司，推荐信，离职原因

6. 受世界金融危机的影响，你所在的公司随时可能裁员。你早上上班打开电脑，看到公司内部网页上有一条通知。请你摹仿课文中的对话，把看到这条通知后的想法告诉你的同学，并就可能面临的裁员问题和你的同学完成一段对话。

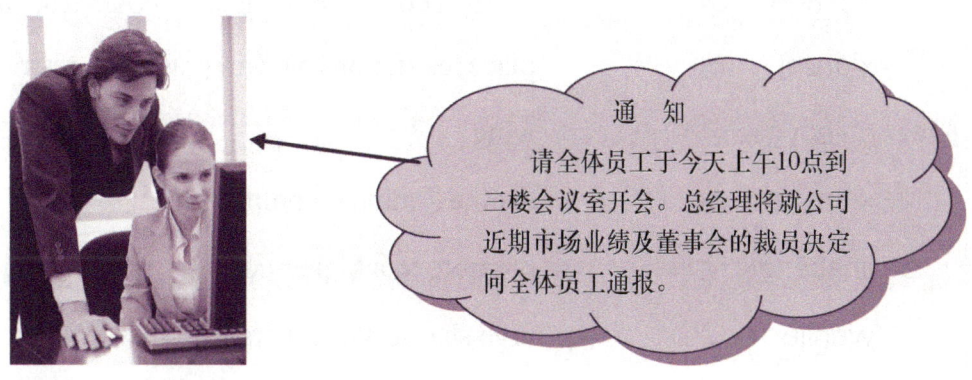

通　知

请全体员工于今天上午10点到三楼会议室开会。总经理将就公司近期市场业绩及董事会的裁员决定向全体员工通报。

二、另谋高就

（在嘉伟科技集团总经理办公室）

（敲门声）

总经理： 请进。

张　建： 总经理，您好。我想找您说点儿事。

总经理： 什么事？我现在很忙，如果不着急的话，下午再来，好吗？

张　建： 不好意思。总经理，我可能不能在公司里继续工作了。

总经理： 为什么？你最近工作业绩不错，公司也对你进行了奖励。难道还有什么别的想法？

张　建： 公司对我不错，我非常感激。但我还是觉得这儿的发展空间受到限制。

总经理： 你是翅膀硬了，嫌公司没有给你晋升？

张　建： 不是。只是我找到了更加适合自己发展的地方。

总经理： 如果是这样，我也就不再挽留你了。把你的辞职信拿来。

张　建： 谢谢总经理的理解。

总经理： 不客气。祝你一帆风顺！

词语

1. 奖励	jiǎnglì	动	encourage and reward；reward
2. 难道	nándào	副	surely it doesn't mean that...；could it be said that...
3. 限制	xiànzhì	动	place restrictions on（to）；astrict；restrict
4. 翅膀	chìbǎng	名	wing
5. 嫌	xián	动	dislike；mind；complain of
6. 晋升	jìnshēng	动	promote to a higher post
7. 挽留	wǎnliú	动	urge sb；to stay；persuade sb. to stay
8. 辞职	cí zhí		resign；quit office
9. 一帆风顺	yì fān fēng shùn		everything is going smoothly；go off smoothly；have a favourable wind throughout the voyage

学一学

1. 难道

难道还有什么别的想法？

"难道"用于反问句，起加强语气的作用。例如：

(1) 这么明显的错误你难道都看不出来吗？

(2) 他在你生活陷入绝境的时候向你伸出援助之手，难道你都忘了吗？

(3) 这么大的雨你难道还要出去？

2. 嫌

嫌公司没有给你晋升？

"嫌"的意思思表示"不满意"、"厌恶"。例如：

(1) 他嫌学校餐厅的饭菜不好吃，总是到外面的餐馆儿里去吃。

(2) 很多大学毕业生找不到工作，主要还是嫌工资太低。

(3) 她嫌自己太胖了，现在每天节食，还坚持跑步。

3. 一帆风顺

祝你一帆风顺！

意思是船挂着满帆顺风行驶。比喻非常顺利，没有任何阻碍。例如：

（1）祝你今后工作一帆风顺！

（2）你有这么好的基础，我相信你今后道路会很平坦，会一帆风顺的。

练一练

1. 根据下面方框中的提示，用"难道"完成对话：

（1）听说我们董事长最近辞职了。
（2）最近好久没看见了小张。
（3）小张已经被清华录取了，可是他最后还是决定放弃不上清华了。

另谋高就
出国旅游
有更好的学校

2. 根据方框中的提示，用"嫌"完成句子：

（1）离开北京，回到上海，北京的气候不好
（2）外出旅行，飞机，贵，火车，便宜，欣赏窗外风景
（3）西部，投资环境差，交通不便，逐渐撤出资金，转向东南沿海城市

3. 用课文中出现的词语填空：

张建今天去找总经理，向他提出＿＿＿＿＿＿申请。总经理感到有些不理解，因为张建最近工作＿＿＿＿＿＿不错，公司已经对他进行了＿＿＿＿＿＿。经过询问后总经理了解到，张建辞职不是＿＿＿＿＿＿公司没有给他＿＿＿＿＿＿，而是找到了更加适合自己发展的地方。既然如此，公司也就不再＿＿＿＿＿＿他了。他把＿＿＿＿＿＿交给了总经理。

4. 用"一帆风顺"改写下列句子：

（1）在毕业晚会上，同学们互相祝愿在今后的工作和生活上一切顺利。

（2）现在大学毕业后找工作非常困难，你要有思想准备。

5. 用括号中的词语完成对话：

（1）A：如果你的员工成绩突出，他们能得到什么好处吗？

　　　B：_____（奖励）

（2）A：北京过去的交通非常拥堵，可是奥运会以后好多了。北京市政府采取了什么措施解决了这个问题？

　　　B：_____（限制）

（3）A：请问贵公司是否为员工提供了足够的发展空间？

　　　B：_____（晋升）

（4）A：当你提出要辞职的时候，你的老板是什么态度？

　　　B：_____（挽留）

6. 下面是一个员工向公司陈述的辞职理由，请你和你的同学扮演不同角色，进行对话练习。

（1）工作压力过大	市场竞争激烈，普遍现象，共同特点
（2）工作环境不好	改善工作环境，创造轻松愉快的氛围
（3）人际关系紧张	团队精神，合作，与人为善，功利心
（4）工资待遇不高	报酬，工作业绩，晋升，工资提成，基本工资

7. 下面是一封总经理向公司董事会递交的辞职信。请三个同学一组，组成一个临时董事会，讨论决定是否接受总经理的辞职。你们需要讨论总经理辞职的真正原因，如果不接受他的辞呈，董事会要决定该如何挽留他。

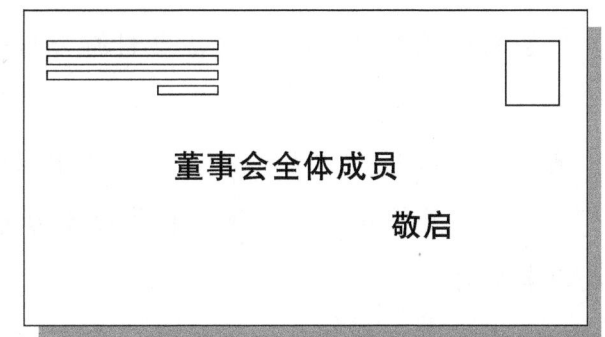

尊敬的董事会全体成员：

  本人于去年4月经董事会任命，担任公司总经理一职。然而，由于我才疏学浅，未能带领全体员工实现产值翻番的目标，辜负了董事会对我的厚望。更主要的是身体欠佳，本人实在感到心有余而力不足。

  鉴于以上原因，特向董事会提出辞呈，望批准为盼。

申请人：刘伟
××××年×月×日

下面的词语可供参考：

A：

辞职，身居要职，翅膀硬了，有了资本和经验，另谋高就，留也留不住，同意辞职

B：

别的公司来挖人，跳槽，年轻有为，领军人物，培养人才，潜力，晋升，加薪，挽留

C：

挽留，不勉强，人才市场，招聘，培养骨干，推荐

D：

最终决定

8. 选词填空：

人才	潜力	心态	计划	决策	实践	功利心
领军人物		职场	遇到	机会	事业	培养

(1) 为了_____总经理级本土管理人才，飞利浦公司一方面着力引进年轻优秀、具有发展_____的_____，另一方面同样注重培养和发展内部人才。例如，通过"TOTAL"发展_____，使中层管理人才有机会参与公司的高层_____，并得到更多的领导和管理能力方面的培养与_____，帮助他们成为未来的_____。

(2) 初入_____，千万不要期望从一个过高的起点切入自己的职业人生，尤其不要稍不如意便心灰意冷怨天尤人，生活工作都不快乐。不管_____什么困难，都要以积极的心态从中寻找乐趣和_____。真正把职业当成_____，你离成功还会远吗？

(3) 很多大学生没有把自己放在一个较低位置的_____，不是抱着学习的态度去工作，_____很强，没有用踏实的态度工作。

9. 假设你是某一公司的总经理，由于某种原因，你需要向董事会提出辞职。请你试着写一封辞职信。在你的辞职信里要说明你辞职的原因。

三、职业培训

一家职业咨询公司近期的一份调查给热衷跳槽和准备跳槽的人敲响了警钟：60%的跳槽者在跳槽以后产生挫败感，认为自己跳槽是失败的。

有专家认为，多数跳槽者缺乏科学的判断和理性的决定，有一定的盲目性。因此，准备跳槽的人至少要对自己服务的单位和自身有一个全面的判断。

专家建议，在审视一家公司是否还有自己的发展空间时应该考虑这些因素：晋升路径是否畅通、企业成长性是否良好、企业采取什么样的雇佣政策、企业是否进行人力资源开发。观察一个企业晋升路径是否畅通，要看企业是否实现晋升的多阶梯制度。比如说，为管理人员和技术人员是否设计了若干条不同的晋升通道，尤其关键的是要看有没有给专业技术人员提供不同于管理者的晋升机会。企业一般由长期雇工、短期雇工和临时工组成。只有接受了特殊培训的员工才能被长期雇佣并处于企业的核心地位。实际上，也只有长期雇员才有可能获得晋升和发展的机会。而跳槽者是很难进入长期雇员的名单的。有跳槽倾向的人应该对自己进行审视，包括对自己的性格、理想、价值观、能力、人际关系的思考。可以问问自己，目前的工作是不是自己喜欢的，工作业绩如何，有没有改进的可能，有没有提升的空间，自己和上司、同事、下属、客户的关系是否融洽。而对于那些在为跳槽做准备的人，要避免薪金至上，不要被热门行业所诱惑，不要在学习或培训期间跳槽，不要在现有工作岗位时间很短就跳槽。

词语

1. 热衷	rèzhōng	动		hanker after；intend on；crave
2. 敲	qiāo	动		ring
3. 警钟	jǐngzhōng	名		alarm bell；tocsin
4. 挫败	cuòbài	动		frustrate；foil；defeat
5. 盲目	mángmù	形		blind
6. 审视	shěnshì	动		observe carefully；look at sth. or sb. attentively
7. 路径	lùjìng	名		way；route；path；ways and means
8. 若干	ruògān	代		a certain number or amount
9. 雇佣	gùyōng	动		employ；hire
10. 上司	shàngsī	名		superior；boss
11. 下属	xiàshǔ	名		subordinate
12. 融洽	róngqià	形		harmonious
13. 避免	bìmiǎn	动		avoid；refrain from；avert；prevent sth. happening
14. 热门	rèmén	名		in great demand；popular
15. 诱惑	yòuhuò	动		entice；tempt；seduce；attract；allure

学一学

1. 若干

> ……为管理人员和技术人员是否设计了若干条不同的晋升通道。

"若干",不定量代词,意思是"某些"、"有些"、"一些"。例如:

(1) 会议讨论并通过了若干项决议。
(2) 经过若干个月的辛勤工作,该科研小组终于完成了新的设计方案。
(3) 市政府提供了若干个主会场的设计方案,供市民们投票选择。

2. ……至上

> 要避免薪金至上。

"……至上"常与名词搭配,表示的意思是"把……视作最重要的"。例如:

(1) 他是一个艺术至上主义者,在自己的创作中追求艺术的绝对完美。
(2) 她一生信奉爱情至上,视金钱与地位为粪土。
(3) 本公司的宗旨是"顾客至上"。

练一练

1. 根据方框中的提示,用"若干"完成对话:

:	:
(1) 请问从中关村去天安门该怎么去?	打车,地铁,公交车
(2) 今年春节准备怎么过?	去欧洲旅游,去云南旅游,在家休息
(3) 你找工作进展如何?有几家单位可以选择?	留校当老师,政府机关当公务员,几家公司

2. 根据下面方框中的提示，用"……至上"完成句子。

（1）学校和家长，追求，分数，不利于，学生，全面发展
（2）企业，利润，忽视，质量，有损于，企业形象和名誉
（3）航空公司，本着……原则，安全，执行飞行任务，运送乘客

3. 下面是一家职业培训公司的有关信息。假设你是这家职业培训公司的业务员，请你到各企业去宣传贵公司的职业发展理念，让他们把企业的职业培训交给你们公司。

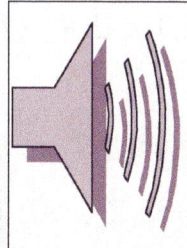

需要充电吗？
需要培养团队精神吗？
需要提高领导艺术才能吗？
来吧！
我们能满足你的所有需求。

我们的团队由国际高级管理顾问、心理学家、职业培训师和具有开拓精神的管理人员组成。

我们的方法：从行为、人格类型、性情变化和员工满意度来测定公司文化。有了这些工具，你就可以了解自己的现状，为适应变化和发展制定行动计划。

我们的服务：帮助各企业对各项决策进行检测和规划，提供各种培训项目，如沟通技巧、演讲技巧以及培训培训师和管理辅导等。

我们的客户：麦当劳、西门子、罗氏、高露洁、伊莱克斯及达能等。

第五单元　广告销售

一、产品广告

(下面是广告部经理周杰与员工小王的一段对话:)

周杰：小王，前两天让你负责策划的葡萄酒广告完成了吗？

小王：初步方案已经出来了，我正在考虑再修改一下。

周杰：好。先谈谈你的方案吧。

小王：我想首先要考虑产品定位和消费群。新西兰葡萄酒在国际市场上的知名度越来越高，但中国消费者对它还相当陌生，加上它某一个品牌的产量不高，因此我建议将目标锁定在中高档消费群。

周杰：好。那么你打算采用什么样的广告形式呢？

小王：随着中新自由贸易协议的签订，中国人对新西兰这个国家的认知度将越来越高。我们可以双管齐下，和新西兰驻华使馆取得联系，将我们的广告刊登在他们的网站或宣传册上，同时向北京、上海等大城市的中高档酒店宾馆发送广告。

周杰：你是否考虑要在媒体上做广告？

小王：一般媒体的读者群太小，不值得投入，而在全国性的媒体上做广告投入又太大。我想还是投石问路，先拿下中高档酒店宾馆。如果受欢迎，销路好，我们就采取集中轰炸的广告方式，抢占全国市场。

周杰： 好。那你就抓紧把最终方案拿出来，争取下周三开董事会的时候能在会上讨论你的方案。

小王： 没问题。

词语

1. 策划	cèhuà	动	plan
2. 考虑	kǎolǜ	动	think over; take into account; consider
3. 定位	dìngwèi	动	fix position; orientate
4. 消费群	xiāofèiqún	名	consumer
5. 知名度	zhīmíngdù	名	notability
6. 陌生	mòshēng	形	strange; unfamiliar
7. 锁定	suǒdìng	动	lock
8. 认知度	rènzhīdù	名	cognition
9. 双管齐下	shuāng guǎn qí xià		paint a picture with two brushes at the same time; work along both lines; do two things at the same time; do both things simultaneously
10. 刊登	kāndēng	动	publish; carry
11. 媒体	méitǐ	名	medium; mass media
12. 投石问路	tóu shí wèn lù		cast a stone to find out whether one should proceed; send out a trial balloon
13. 销路	xiāolù	名	sale; market; outlet
14. 抢占	qiǎngzhàn	动	race to control; seize; grab

学一学

1. 双管齐下

我们可以双管齐下，和新西兰驻华使馆取得联系，将我们的广告刊登在他们的网站或宣传册上，同时向北京、上海等大城市的中高档酒店宾馆发送广告。

"双管齐下"原来是指在画画的时候两管笔同时并用，比喻两方面同时进行。例如：

(1) 为了学好中文，彼得双管齐下，除了在学校学习中文外，还专门请了一位家教，每周上门辅导三次。现在他的中文进步很快。

(2) 小李大学四年级开始双管齐下，一边在网上发布自己的简历，同时不放过每一个招聘会，因此他没毕业就找到了工作。

2. 投石问路

我想还是投石问路，先拿下中高档酒店宾馆。

"投石问路"原来的意思是指夜间潜入某处前，先投以石子，看看有无反应，借以探测情况。后来比喻进行试探。例如：

(1) 这个学校最近尝试着招收了几名国际学生，投石问路，如果效果好，他们准备明年开始大量招收国际学生。

(2) 这家饭店最近推出了几道广东菜，投石问路，如果顾客喜欢吃，他们还会多推出一些其他广东菜。

练一练

1. 根据下面方框中的提示，用"双管齐下"完成句子：

> 例：医生治疗癌症病人，中西医结合，取得了很好的效果。
>
> 这个医院的医生在给癌症病人治疗的时候，双管齐下，采用中西医相结合的治疗方法，取得了很好的效果。
>
> (1) 地方政府，发展地方经济，制定优惠政策吸引外资，向中央政府申请财政支持
>
> (2) 为了尽快摆脱经济危机，采取降低银行利率，放宽购房贷款条件等优惠政策

2. 用"投石问路"改写下面的句子或对话：

（1）该网络公司为了吸引更多的少年儿童，最近推出了一款新的电脑游戏。如果受欢迎，他们将推出一个系列。

（2）A：你觉得西方人会喜欢你设计的这些服装款式吗？
　　　B：我也不是很有信心，但是我还是想试一下。

3. 用课文中出现的词语填空：

小王要为一种从新西兰进口的葡萄酒_____广告方案。尽管新西兰的葡萄酒在国际市场上越来越受欢迎，但是中国人对它的_____还不高。因此，小王决定_____下，先将目标_____在中高档的宾馆饭店，同时争取将广告_____在新西兰驻华使馆的宣传册或网站上。如果产品的_____好，受到消费者的欢迎，再_____在全国性的_____上做广告，_____全国市场。

4. 用括号中的词语完成对话：

（1）A：你觉得哪些人会对这种一室一厅的公寓房感兴趣？
　　　B：_____（定位、单身白领）

（2）A：你觉得中央电视台每年举办的春节晚会对歌坛新秀来说最大的诱惑力是什么？
　　　B：_____（知名度）

（3）A：我们的办公室昨晚被盗，警察找到了什么线索没有？
　　　B：_____（锁定，目标）

（4）A：贵公司的产品在我们国家销量还不大。
　　　B：_____（投石问路）

（5）A：你能说说你们成功的秘诀是什么吗？
　　　B：_____（抢占、快速更新产品）

5. 将下面可以搭配的词语用线连起来：

广告　　　　　　　　　　　　知名度

锁定　　　　　　　　　　　　方案

抢占　　　　　　　　　　　　策划

讨论　　　　　　　　　　　　消费群

提高　　　　　　　　　　　　市场

6. 将下面的广告图片和对应的广告词用线连起来：

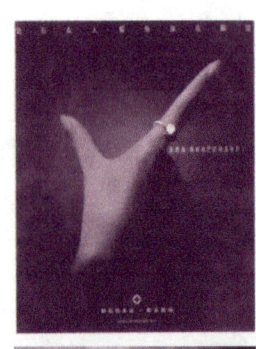

串起生活每一刻

车到山前必有路，有路必有丰田车

滴滴香浓，意犹未尽

钻石恒久远，一颗永流传

7. 下面是几幅非常有创意的广告，你能说出这些广告都是关于什么内容的吗？最好是能够用语言先描述一下这些广告，然后再说一下你对这些广告的评价。

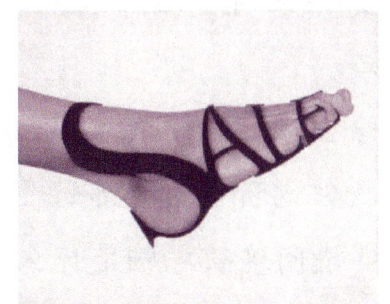

8. 假设你需要给一家餐馆策划广告方案，请你根据提示，考虑一下该采取什么样的方式做广告，并说出你的理由。

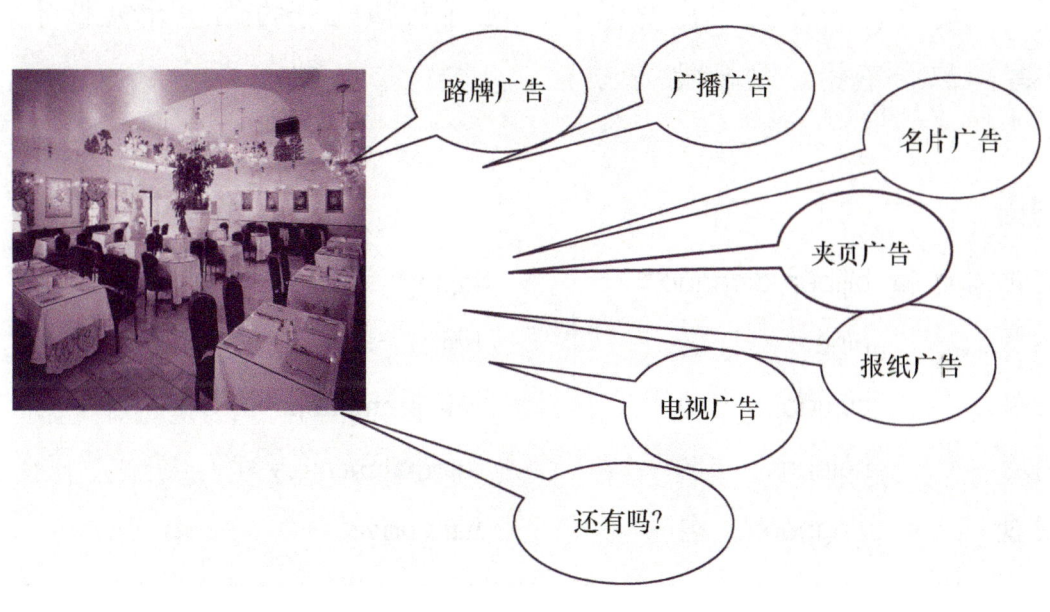

二、产品推销

(王刚是一位电脑销售人员,他正在向一位顾客推销电脑产品:)

王刚:请问您需要买什么?

顾客:我想买一台笔记本电脑。你有什么品牌的产品可以推荐给我吗?

王刚:我建议您考虑一下这款笔记本电脑。这一款电脑正在搞促销,4个G的内存,500G的硬盘,原价要一万五千元,现在只需要9990元。非常值。

顾客:哦。

王刚:除此之外,我们还随机赠送 Windows Office 软件,这些软件的价值都要超过1000元。

顾客:那请问这款电脑是什么牌子?是戴尔的吗?

王刚:不是戴尔,是惠普的,惠普的电脑也非常好。

顾客:你们都有哪些售后服务?

王刚:我们有非常完善的售后服务制度,其中包括两周之内无条件退货,一年之内免费保修,还有电脑软件的优惠升级服务。

顾客:似乎不错。那我就买它了。

词语

1. 笔记本电脑	bǐjìběn diànnǎo		laptop
2. 品牌	pǐnpái	名	brand
3. 促销	cùxiāo	动	sale promotion
4. 内存	nèicún	名	internal memory
5. 硬盘	yìngpán	名	hard drive

6. 值	zhí	动	be worth the money
7. 随机赠送	suí jī zèngsòng		get something for free when buying the machine
8. 软件	ruǎnjiàn	名	software
9. 完善	wánshàn	形	perfect; consummate
10. 退货	tuì huò		return of goods; returned purchase; cancel the orders
11. 保修	bǎoxiū	动	guarantee; guarantee to keep sth. in good repair
12. 升级	shēngjí	动	upgrade

学一学

其中

我们有非常完善的售后服务制度，其中包括两周之内无条件退货，一年之内免费保修。

"其中"是方位词，意思是在那里面。例如：

(1) 近年来，外商在华投资呈上升趋势，其中高新技术领域的投资比例增长了近一倍。

(2) 前来参加人才招聘会的人将整个大厅都挤满了，其中不乏海外学成归国的留学人员。

练一练

1. 根据下面方框中的提示，用"其中"完成句子：

(1) 公司产品，90%出口，四分之三出口到欧洲市场

(2) 网络信息，几乎一半，垃圾邮件

2. 用课文中出现的词语填空：

有一位顾客这天来到商店想购买一台电脑。售货员王刚向他_____了几款电脑，其中一_____是名牌，正在搞_____活动，降了几乎三分之一的价钱，王刚认为非常_____。顾客非常关心有关售后服务方面的问题，王刚告诉他，他们的售后服务制度非常_____，两周之内顾客可以退货，一年之内可以享受免费_____，还有电脑软件的优惠_____等。听到有这么好的售后服务，这位顾客决定就买这款电脑了。

3. "值"这个词可以有很多意思，请你在词典里查找一下，看看它常用的意思有几个，并且至少组5个词语，并解释它们的意思和用法。

值

4. 用括号中的词语完成对话：

(1) A：请问，我如果想申请这个职位，需要递交哪些材料？
    B：_____(简历，毕业证书，推荐)

(2) A：世界经济危机对你们公司的销售有影响吗？你们是否采取了一些特别措施？
    B：_____(促销)

(3) A：这个住宅小区的各种生活设施怎么样？
    B：_____(完善)

(4) A：这辆车这么贵，几十万元，如果出了毛病怎么办？
    B：_____(保修)

(5) A：你的手机还是几年前买的吧，早就应该淘汰了。
    B：_____(升级)

5. 假设你是某汽车公司的产品推销员，请你根据提示，向消费者推销这款汽车。

| 价格优惠 | 可获赠五千元汽车内饰 |

| 购车可送半额汽车购置税 | 购车可以在某公司所属加油站获得加油卡一张 |

| 还有吗？ | 签完合同后可以当场开走，3个月以后付款，免交利息 |

三、产品国际化

改革开放三十多年来，各种工业园区、保税区、高新技术园区，遍布中国从城市到小镇的所有角落，中国成为世界制造中心，进出口额成倍增长，贸易大国的地位就此奠定。然而，中国产品仍处于全球产业链的最低端，利润微薄，服务贸易刚刚起步。要跨越中西方空间、语言、文化背景及商业文化障碍，中国产品国际化的征程任重道远。

产品国际化必须针对产品所出口的目标地区，从语言习惯、风土人情、消费观念到商业文化进行全面的了解分析，进而因地制宜，制定本土化的产品策略，更好地进军目标市场。

词语

1. 保税区　bǎoshuìqū　　名　　bonded area
2. 奠定　　diàndìng　　　动　　establish；settle；make firm or stable

3. 产业链	chǎnyèliàn	名	industrial chain
4. 低端	dīduān	形	low side
5. 微薄	wēibó	形	meagre; scanty
6. 跨越	kuàyuè	动	stride over; stride across; leap over
7. 障碍	zhàng'ài	名	hinder; obstacle; barrier
8. 征程	zhēngchéng	名	journey
9. 任重道远	rèn zhòng dào yuǎn		take a heave burden and embark on a long road; ability to carry heavy responsibilities through thick and thin; it is a arduous task and the road is long
10. 因地制宜	yīn dì zhì yí		suit one's measures to local conditions; act according to circumstances; adaptation to local condition

学一学

1. 任重道远

中国产品国际化的征程任重道远。

"任"的意思是"负担";"道"表示"路途"。意思是担子很重,路很远。常用来比喻责任重大,要经历长期的奋斗。例如:

(1) 人民教师肩负着培养下一代的光荣任务,任重道远。

(2) 这家公司老总经过3年努力终于实现扭亏为盈,但要想在市场竞争中不断发展则任重道远。

2. 因地制宜

产品国际化必须针对产品所出口的目标地区,从语言习惯、风土人情、消费观念到商业文化进行全面的了解分析,进而因地制宜,制定本土化的产品策略,更好地进军目标市场。

"因"的意思是"依据";"制"表示"制定";"宜"指适当的措施。意思是根据各地的具体情况,制定适宜的办法。例如:

(1) 我们在建立希望小学的时候,一定要因地制宜,根据当地的条件和实际情况,建立经济适用的校舍。

(2) 国家制定方针政策时要因地制宜,不同地区的情况可能不一样,所以方针政策也要根据当地情况适当调整。

练一练

根据方框里的提示,用"任重道远"和"因地制宜"完成句子。

(1) 艾滋病,鸡尾酒疗法,新疫苗,治愈
(2) 植树造林,根据各地气温土壤条件,选择不同树种

听一听

1. 根据你听到的内容填空:

(1) 宏图公司多元化的服务体系和项目让_____在宏图拥有真正物超所值的体验。

(2) 宏图公司以实现客户产品的_____为己任。

(3) 宏图公司每个员工都是您的_____。

(4) 在整个过程中的任何环节上,宏图公司将随时为您提供有效_____。

2. 请你再听一遍,听后回答下列问题:

(1) 如何才能使生产的产品国际化?

(2) 宏图公司目前的客户有多少?

(3) 宏图公司的客户涉及那些领域?

(4) 宏图公司的主要业务是什么?

3. 热点讨论：请你和你的三位同学临时成立一家国际咨询公司，为国内的某一家企业提供帮助，使他们的产品能够尽快走向世界。下面是这些企业生产的产品，请你选择其中的一种为他们提供服务。你们需要帮助客户了解国外市场，分析消费群体，为他们进入某国市场提供具体帮助。

第六单元　售后服务

一、售后服务

　　20世纪90年代，中国家电业蓬勃发展，华康集团更是迅速成长。我们的产品销售量和保有量急剧增长，客户服务的工作量也随之增加。此时，我们敏锐地察觉到服务对于企业未来发展的重大意义，率先推出了华康"五星级"服务工程，硬件软件并举，在完备的硬件支持基础上，以优质的研发、生产和服务树立了华康产品在客户心目中的领先地位。

　　我们的"五星级"服务工程包括：服务网点星罗棋布，遍布全国；服务不分昼夜节假，随叫随应；维修员礼貌规范。华康"五星级"服务的宗旨是"质量第一，信誉为本"；服务理念是"以客户的需求和利益为中心，客户满意是核心"；服务口号是"华康产品遍四方，售后服务到府上"、"手握手的承诺，心贴心的服务"。

　　我们的售后服务政策是：参照国家"新三包"规定执行。在保修期内，凡属产品本身质量引起的故障，请顾客凭已填写的保修卡正本及购机发票，在全国各地华康授权的维修中心享受免费保修服务。如果消费者无法提供三包凭证及有效发票，或消费者因使用、保管、维护不当造成损坏的，不实行三包，但可以实行收费修理。

词语

1. 蓬勃　　péngbó　　形　　vigorous；flourishing

2. 敏锐	mǐnruì	形	sharp; acute; keen
3. 率先	shuàixiān	副	take the lead in doing sth.; be the first to do sth.
4. 并举	bìngjǔ	动	develop simultaneously; promote (work) simultaneously
5. 完备	wánbèi	形	complete; perfect
6. 研发	yánfā	动	research and develop
7. 星罗棋布	xīng luó qí bù		scattered all over like stars in the sky or pieces on a chessboard; spread all over the place; spread out like stars and chess pieces
8. 昼夜	zhòuyè	名	day and night
9. 随叫随应	suí jiào suí yìng		service will be supplied when needed
10. 宗旨	zōngzhǐ	名	aim; purpose
11. 府上	fǔshàng	名	your home; your houre
12. 参照	cānzhào	动	refer to; consult
13. 凡	fán	副	any; all; every
14. 凭	píng	动	go by; base on; take as the basis
15. 授权	shòuquán	动	empower; authorize
16. 凭证	píngzhèng	名	proof; evidence; certificate

学一学

1. 并举

硬件软件并举,在完备的硬件支持基础上,以优质的研发、生产和服务树立了华康产品在客户心目中的领先地位。

"并举"的意思是不分先后,同时举办。例如:

(1) 企业管理层应该意识到产品质量的重要性,产品质量和产品销量并举才是企业生存的必要保障。

(2) 我们应该旅游业和服务业并举，把这个城市打造成世界一流的城市。

2. 星罗棋布

我们的服务网点星罗棋布，遍布全国。

"罗"的意思是"罗列"；"布"指"分布"。这个词的意思是像天空的星星和棋盘上的棋子那样分布着。形容数量很多，范围很广。例如：

(1) 肯德基的经营模式非常成功，它的连锁店遍布世界，可谓星罗棋布。

(2) 北京的公园星罗棋布，全市大大小小的公园有一百多家。

3. 凡

在保修期内，凡属产品本身质量引起的故障，请顾客凭已填写的保修卡正本及购机发票，在全国各地华康授权的维修中心享受免费保修服务。

"凡（是）"，副词，总括某个范围内的一切。常与名词、动词搭配使用。例如：

(1) 凡是在国家规定的节假日里加班工作的，我们都有额外的报酬。

(2) 凡需要老师帮助的同学请下课后留下来。

练一练

1. 根据提示，用"并举"改写下列句子：

(1) 如果要想尽快提高汉语水平，就必须注重课堂学习，但是各种社交活动也是快速提高口语的重要途径之一。

(2) 一所大学既要重视教学，也要加强科研，才能培养出优秀的学生。

2. 根据方框中的提示，用"凡（是）"完成下列对话：

(1) 你觉得我给你推荐的这几部电影好吗？	你推荐的电影，都很好
(2) 你找到工作了吗？	正是招聘的公司，递了简历，可是还没有找到

3. 用课文中出现的词语填空：

20世纪末，华康集团迅速发展成为一家知名企业，其产品的销售量和保有量都急剧增长。公司管理层此时_____意识到售后服务对于企业未来发展的重要性，于是_____推出了一整套完善的售后服务制度，在广大客户的心中树立了领先地位。华康的维修网点_____，遍布全国各地；华康的服务不分昼夜，_____；华康的收费标准则是_____国家规定执行。在保修期内，_____属产品本身质量引起的故障，顾客都可凭已填写的保修卡正本及购机发票，享受免费服务。

4. 用括号中的词语完成对话：

(1) A：你的广告设计方案什么时候可以拿出来？
　　B：_____（完备）

(2) A：这款汽车好是好，就是不知道维修方便不方便。
　　B：_____（星罗棋布）

(3) A：这个商店服务员的态度好吗？
　　B：_____（随叫随应）

(4) A：今年评选优秀员工的评选办法出台了吗？
　　B：_____（参照）

(5) A：请问哪些商品半价销售？
　　B：_____（凡）

5. 将下列可以搭配的词语用线连起来：

提供　　　　　规定
蓬勃　　　　　推出
参照　　　　　服务
享受　　　　　发展
率先　　　　　凭证

6. 下面是某家电公司产品的保修期限和维修价格，请根据表格内容回答问题：

产品名称	保修期限（年）	保修内容	维修价格
冰箱	3	压缩机、蒸发器、冷凝器、电磁阀、主控板、箱体、温控器、过滤器、风扇电机、定时器	检修：50元 小修：70元 中修：150元 大修：300元 注：此价格不包括更换材料及零件成本费用
冷柜	3	压缩机、蒸发器、冷凝器、电磁阀、主控板、箱体、温控器、过滤器、风扇电机、定时器	检修：50元 小修：70元 中修：150元 大修：300元 注：此价格不包括更换材料及零件成本费用
平板电视	3	电源适配器、电源模块	更换元件：500元
热水器	3	电热管、内胆	更换元件材料：800元

（1）这个维修网点是否修理电脑？

（2）热水器的电热管坏了，需要花费多少钱修理？

（3）电冰箱的冷凝器保修年限是几年？

（4）顾客的冰箱需要大修，更换压缩机，他需要付哪些费用？

二、服务条款

（下面是北京爱国者数码音频科技有限公司某产品说明书中的服务条款）

一、我们向您承诺

此产品主机一个月包换，一年保修，其他配件保修三个月。本承诺自购买日期（以正式购货发票日期为准）起生效，在服务期内，如在正常使用和维护情况下产品本身机件材料及工艺出现问题，发生故障，经我公司查验属实，您将得到我公司客户服务中心为您提供的免费服务。

二、全国范围联保

北京爱国者数码音频科技有限公司的产品实行全国联保。无论您在中国内地何处购买，在使用过程中出现保修范围内的硬件故障时，凭保修证书、购机发票到我公司客户服务中心的任何一个服务站均可获得维修服务。欢迎您随时查询我公司网站http://www.aigo.com；http://www.aigodmp.com 或拨打服务热线电话400-610-6666、010-82607776。请您选择距离您最近的维修机构进行服务，接受服务时请务必出示该产品的三包凭证和购机发票。

三、故障修复时间

我们将在收到机器的一个有效工作日（外地两个有效工作日）为您返回。如遇特殊情况，不能在有效工作日内完成维修的，我公司服务人员将提前打电话与您协商修复日期。

四、有限责任担保

您的产品出现下列情况，请您选择我公司提供的收费服务。

A. 维修部件超过了免费保修期限时。

B. 当您不能出示三包凭证或购机发票时。

C. 有下列情况时：保修卡序列号涂改，序列号与机身号码不符及机身无序列号；因未按使用说明书操作，安装错误引发的损坏；人为引起的损坏；水灾、火灾等一切自然灾害引起的损坏，以及经非我公司授权服务人员修理、改动、改装或拆卸的。

五、特别提示

A. 您应在产品交接前向经销商要求开箱，对机器质量进行验收。本产品交接完成以后发现的瑕疵或故障，推定为非我公司过错造成。

B. 销售商向您做出的所有额外承诺，我公司不承担责任。

词语

1. 承诺	chéngnuò	动		promise to undertake；undertake to do sth.
2. 配件	pèijiàn	名		parts；fitting；accessory
3. 生效	shēngxiào	动		come into force（operation）；go into effect；become effective
4. 工艺	gōngyì	名		technology；craft；process；technique
5. 属实	shǔshí			turn out to be true
6. 务必	wùbì	副		must；be sure to
7. 人为	rénwéi	形		artificial；man-made
8. 拆卸	chāixiè	动		dismantle；disassemble
9. 瑕疵	xiácī	名		flaw；blemish；minor fault
10. 推定	tuīdìng	动		presume

学一学

均（可）……

无论您在中国内地何处购买，在使用过程中出现保修范围内的硬件故障时，凭保修证书、购机发票到本公司客户服务中心的任何一个服务站均可获得维修服务。

"均"是副词，书面语，表示"都"、"全"。常与"可"、"已"、"能"等词语搭配使用。例如：

(1) 该校应届高中毕业生均参加了全国高考，并取得了很好的成绩。

(2) 这种型号的汽车非常抢手，各地的库存均已销售一空。

练一练

1. 根据下面方框中的提示，完成句子：

(1) 各个分公司，完成全年销售计划，均已
(2) 年龄在12至18岁的中学生，报名参加全国比赛，均可
(3) 该公司设计的新产品，通过专家组的评审，投入生产，均能

2. 将下面可以搭配的词语用线连起来：

提供　　　　　　　　　　网站

查询　　　　　　　　　　故障

出示　　　　　　　　　　承诺

作出　　　　　　　　　　服务

发生　　　　　　　　　　发票

3. 下面是某一型号微波炉的使用说明，请读后回答"是"与"不是"：

使用说明

微波炉通电后，蜂鸣器叫一声，程序进入演示状态，按"取消"键退出，返回待机状态。

常用功能介绍

1. 微波烹调

微波烹调具有5档微波火力，周期T=22秒。

按键次数	1	2	3	4	5
火力	100%	80%	50%	30%	10%
显示	P100	P80	P50	P30	P10

(1) 按"微波"键，选择相应的微波功率；

(2) 按"10分"、"1分"、"10秒"键，调整烹调时间，最大烹调时间为99分90秒；

(3) 按"开始"键，烹调开始；

(4) 在运行过程中按"开始/+30秒"键，烹调时间增加30秒，火力不变。

2. 快捷营养菜单

(1) 按蒸鱼、蒸水蛋、蒸排骨、蒸红薯、蒸海鲜、冷冻食品、牛奶/咖啡、翻热面包、煮米饭、蔬菜、营养汤、炖鸡、烤鸡翅、烤肉串任意"营养菜单"键，可直接显示菜单的份量，选择菜单时，相应的烹调标志点亮；

(2) 按"开始/+30秒"键开始烹调，相应的烹调标志闪烁。

注意：烧烤菜单运行到设定时间的2/3时，蜂鸣器鸣叫两声，提醒开门翻转食物。

3. 快速解冻

(1) 按"快速解冻"键，显示默认重量；

(2) 再按"快速解冻"键，可选择其他重量；

(3) 按"开始"键，解冻开始。

注意：解冻到一半时需翻转食物。

(1) 如果需要使用30%的火力，我应该按3次键。　　　　　　　　是　不是

(2) 设定烹调时间最长不可以超过1小时40分钟。　　　　　　　是　不是

(3) 这款微波炉可以做烤羊肉串。　　　　　　　　　　　　　　是　不是

(4) 当你用这款微波炉烧烤的时候，其间还需要翻转食物。　　　是　不是

(5) 你不可以用微波炉解冻食物。　　　　　　　　　　　　　　是　不是

4. 假设你是一个推销员，请你根据下面的图示，向顾客解释这款电视机的各种功能及售后服务等条款。你可以到电器商店或网上去查询最新款式的电视机并向你的同学推销。

听一听

词语准备

1. 四成	sì chéng		40 percent
2. 兑现	duìxiàn	动	hornour a commitment；fulfil；realize；make real
3. 镀	dù	动	plate
4. 镶	xiāng	动	inlay；set；inset；insert
5. 督促	dūcù	动	supervise and urge；push forward
6. 自律	zìlǜ	动	autonomy
7. 纠纷	jiūfēn	名	dispute

1. 下面是一段有关质量投诉的报道，请你听后回答问题：

(1) 文中提到上海消费者投诉热点是什么？

(2) 节日期间，维权热线共接到消费者举报电话多少个？

74

（3）消费者对哪一类产品的投诉减少了？

（4）消费者投诉的主要内容都是什么？请你说出其中的一个。

（5）哪方面的投诉能够得到迅速处理？

2. 请再听一遍录音，然后根据你听到的内容填空：

（1）上海市工商局公布数据显示，节日期间接受电视购物投诉_____件，与去年同比增长160%。

（2）据了解，随着_____逐渐成为民众喜爱的消费方式之一，相关投诉纠纷也持续上升。

（3）上海工商部门强化了节日期间维权热线的_____机制。

（4）上海工商部门加强了流通领域_____监管，督促经营管理者提高诚信和自律意识。

第七单元　知识产权

一、申请专利

你知道如何申请专利吗？专利权是不能自动取得的，它必须履行专利法所规定的专利申请手续，向国家专利局提交必要的申请文件，经过法定的审批程序，最后审定是否授予专利权。

在申请专利前，除了需要了解和熟悉专利法及其实施细则，还需要了解专利申请文件的书写格式和撰写要求、专利申请的提交方式、费用情况和简要的审批过程。还有一点需要切记，即为了保证专利申请具有新颖性，在提出专利申请以前，申请人应当对申请内容保密。

申请发明或者实用新型专利应提交以下文件：

1. 请求书

(1) 发明或实用新型的名称；

(2) 关于与发明创造及专利申请有关系的人和机构；

(3) 申请文件及附加文件的清单；

(4) 其他事项。

2. 说明书

首先，说明书是一个技术性文件，是专利申请文件最重要的一部分，是申请专利的核心文件；其次，说明书是一个法律性文件，在实践当中，说明书撰写得好与差，将会影响到专利权是否能够获得；第三，说明书的主要内容应包括以下八个方面：发明或实用新型的名称、发明或实用新型所属技术领域、有用的背景技术、发明或实用新型的发明目的、发明的内容、发明的优点及积极效果、有关附图及说明、发明或者实用新型的实施案例及最佳实施方案。

3. 权利要求书

权利要求书用以确定申请人请求专利保护的范围，也就是再一次用简明方式写明发明或实用新型的技术特征。

4. 摘要

摘要是对说明书内容的简短说明。

如果申请外观设计专利，应提交的文件则包括请求书、图片或者照片。为了清楚而准确地显示请求保护的对象，申请人可就每件外观设计提交不同角度、不同侧面或者不同状态的图片或照片。

专利申请人向专利局递交上述文件后，即表明专利申请人正式提出了专利申请。专利局收到申请文件后，应当明确申请日，给予申请号，并通知申请人。优先权是《保护工业产权巴黎公约》规定的一种权利，即在申请专利或商标等工业产权时，各缔约国要互相承认对方国家国民的优先权。第一次提出申请的日期即为优先权日。

词语

1. 专利	zhuānlì	名	patent
2. 履行	lǚxíng	动	perform；fulfil；carry out
3. 审批	shěnpī	动	examine and approve
4. 审定	shěndìng	动	authorize；examine and approve；check and decide
5. 授予	shòuyǔ	动	confer；award；grant；endow
6. 细则	xìzé	名	detailed rules and regulations；by-laws
7. 撰写	zhuànxiě	动	write
8. 切记	qièjì	动	be sure to keep in mind；be sure to remember

9. 新颖	xīnyǐng	形	new and original
10. 清单	qīngdān	名	inventory；detailed list；catalogue
11. 实施	shíshī	动	put into effect；implement；carry out；enforce
12. 摘要	zhāiyào	名	summary；abstract
13. 提交	tíjiāo	动	submit to；refer to
14. 递交	dìjiāo	动	hand over；present；submit；deliver
15. 缔约国	dìyuēguó	名	signatory（state）to a treaty；party to a treaty

学一学

切记

还有一点需要切记，即为了保证专利申请具有新颖性，在提出专利申请以前，申请人应当对申请内容保密。

"切记"的意思是"务必记住"。例如：

（1）最近出现了禽流感病毒，切记出门戴口罩，还要勤洗手。

（2）你去应聘面试的时候，要注意自己的衣着举止。切记，切记。

练一练

1. 根据下面方框中的提示，用"切记"改写句子：

（1）你明天要参加高考，千万不要忘记带准考证。

（2）下个星期天是他的生日，你可别忘了给他买生日礼物。

**2. 在课文中出现了"审批"和"审定"，"递交"和"提交"，请你说说它们在用法上是否有区别，可以查字典。并试试在下列空格处组词：

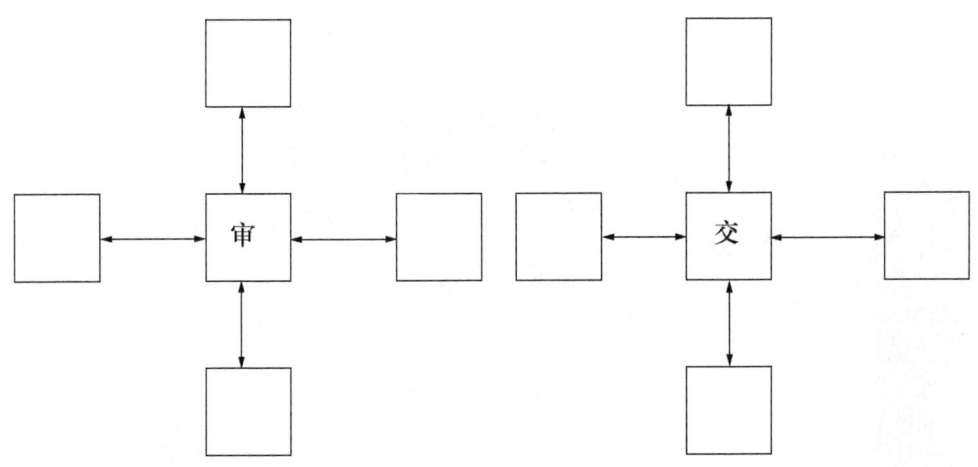

3. 将下面可以搭配的词语用线连起来：

取得　　　　　　　　　　　　说明书

提交　　　　　　　　　　　　范围

确定　　　　　　　　　　　　专利

撰写　　　　　　　　　　　　专利权

申请　　　　　　　　　　　　文件

4. 根据课文内容，向你的同学简要介绍一下申请专利的程序。下面的一些词语可能会对你有帮助。

5. 假设你是某专利申请机构的工作人员，现在有客户来向你咨询应该如何为他发明的一个物件申请专利。请你根据课文中所学到的知识，完成这段对话。

这是我设计的新型节能汽车，请问我该如何申请专利？

你需要递交……

二、版权所有

（立邦漆广告涉嫌背景音乐侵权，中国唱片上海公司索赔 30 万）

"一片被立邦漆染红的枫叶，飘过了城市的每个角落。"这个常常出现在荧屏上的立邦漆广告，遭遇了一场官司。因为使用了歌曲《孔雀飞来》作为背景音乐，被中国唱片上海公司起诉索赔 30 万。昨天，该案在浦东法院公开审理。

中国唱片上海公司称，《孔雀飞来》曾获国家首届音像录制品奖，中国唱片上海公司享有该录音作品的著作权。自 2005 年初起，立邦涂料（中国）有限公司在"立邦全效合一漆"的市场推广中，制作了一部广告片，其中使用了《孔雀飞来》作为背景音乐，在全国多家电视台播放。在获悉此事后，该公司曾多次要求对方停止侵权，但遭到拒绝，于是一纸诉状递到法院。

在庭审中，唱片公司认为，立邦涂料出于商业目的，将原告享有著作权的录音作品在多家电视台进行广告宣传，严重侵犯了自己的合法权益。

而被告立邦涂料（中国）有限公司则认为，自己委托一家注册地在南非的Tenacity Films（PTY）公司制作了这部广告，并花费31.5万美金，眼下这笔账双方已结清。据此，立邦涂料认为，广告的著作权是该南非广告公司所有，立邦只是使用者。如果一旦判定广告中的背景音乐实属侵害了录音制品的著作权，也应该是立邦和该广告公司共同侵权。

因此，立邦涂料（中国）有限公司要求追加制作这一广告的公司为被告。法院将择日再次开庭审理。

词语

1. 涉嫌	shèxián	动	be suspected of being involved；be a suspect
2. 侵权	qīnquán	动	tort violate others' lawful rights
3. 索赔	suǒpéi	动	claim indemnity；demand compensation
4. 荧屏	yíngpíng	名	fluorescent screen
5. 遭遇	zāoyù	动	meet with；encounter；run up against
6. 起诉	qǐsù	动	sue；prosecute；bring a suit against sb
7. 获悉	huòxī	动	learn（of an event）
8. 庭审	tíngshěn	名	court；interrogation
9. 诉状	sùzhuàng	名	plaint；indictment

10. 委托	wěituō	动	entrust; trust; bail; authorize
11. 追加	zhuījiā	动	add to (the original amount)
12. 择日	zérì	动	choose another day for

学一学

> **眼下**
>
> 眼下这笔账双方已结清。

"眼下"表示"现在、目前"的意思。常用在口语中。例如：

(1) 眼下，美国不少中小学都开设了汉语课程。

(2) 美国的房地产市场眼下十分萧条。

练一练

1. 根据下面方框中的提示完成对话

A：	B：
(1) 你为什么不鼓励你的学生参加世界大学生汉语桥演讲比赛？	眼下，考试
(2) 请你介绍一下现在市场上流行的手机吧。	眼下，型号种类、品牌、多

2. 用课文中出现的词语填空：

最近立邦涂料（中国）有限公司_____了一场官司。他们的一则广告因擅自使用了中国唱片上海公司录制的一首歌曲作为背景音乐，被起诉_____30万元。

在_____中，唱片公司认为，立邦涂料出于商业目的，将原告享有著作权的录音作品在多家电视台进行广告宣传，严重_____了自己的合法权益。而被告则认为自己只是广告的使用者，如果一旦判定广告中的背景音乐_____侵害了录音制品的著作权，也应该是立邦和该公司共同侵权。因此，立邦涂料（中国）有限公司要求_____制作这一广告的公司为被告。法院将_____再次开庭审理。

3. 将下面可以搭配的词语用线连起来：

遭遇　　　　　　　　500万

停止　　　　　　　　开庭

择日　　　　　　　　官司

索赔　　　　　　　　侵权

4. 假设你是某公司广告部的经理。你发现你们的一个广告创意被一家汽车销售公司盗用，现在你需要和该公司进行交涉。请你和你的一个同学分别扮演两个公司的部门经理，就这一问题进行对话。

5. 你和你的一个同学去某市场购物，你们发现这儿有很多仿制的名牌产品。请你们根据下面的提示，完成一段辩论。

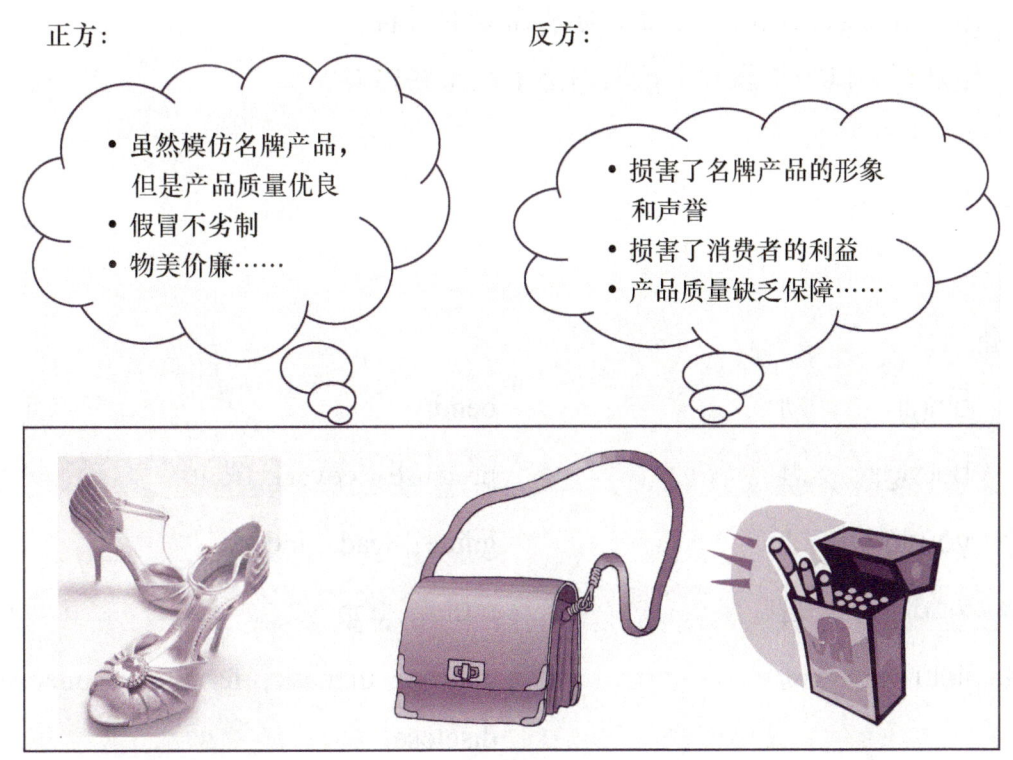

正方：
- 虽然模仿名牌产品，但是产品质量优良
- 假冒不劣制
- 物美价廉……

反方：
- 损害了名牌产品的形象和声誉
- 损害了消费者的利益
- 产品质量缺乏保障……

6. 下面是一个声明,请你仔细阅读,然后回答问题:

版权声明

茶语公司的包装设计和标识都属于茶语公司的财产,受法律保护。

茶语公司拥有茶语公司官方网站内相关内容(包括但不限于文字、图片、音频、视频资料)的版权和/或其他相关知识产权。

未经茶语公司许可,任何人不得复制或在非茶语公司所属的服务器上以任何方式进行使用。

茶语公司官方网站上有明确注明允许下载的内容仅限于个人在非赢利目的的前提下使用,除此之外的任何使用方式均将侵犯茶语公司的知识产权。

违反上述声明而给茶语公司造成损失的,茶语公司将依法追究其法律责任。

(1) 这份声明要保护的是什么?
(2) 网站上相关内容的版权是谁的财产?
(3) 你是否可以从该网站上复制你所需要的材料?
(4) 你是否可以为了赢利从该网站上下载某些内容?

听一听

生词准备

1.	倾力	qīnglì	动	bend
2.	幌子	huǎngzi	名	pretense; cover; front
3.	诱导	yòudǎo	动	guide; lead; induce
4.	陷阱	xiànjǐng	名	pitfall; trap
5.	揭露	jiēlù	动	expose; unmask; ferret out; uncover; disclose
6.	查处	cháchǔ	动	investigate and treat

7. 整顿	zhěngdùn	动	rectify; consolidate; reorganize; readjust
8. 规范	guīfàn	动	regulate; standardize
9. 探讨	tàntǎo	动	inquire; investigate
10. 营造	yíngzào	动	construct; build

1. 请听听力材料，然后根据你说听到的内容填空：

（1）中央电视台财经频道"生活"栏目从_____到_____将联合_____多个部委，推出"3·15"消费者维权月的系列特别节目——《_____》。

（2）《生活》栏目有一个版块就叫"生活3·15"，这一版块的宗旨是_____，曝光那些侵害消费者权益的不法行为，维护广大消费者的合法权益。

（3）《政府在行动》将联合"3·15"晚会组委会的各成员部委及下属的权威检测机构，共同破解这些"假、大、空"的概念，进一步对"_____科学、_____概念、_____广告、_____陷阱"这四个方面进行揭露和查处。

（4）在"3·15"期间，_____、_____、_____等部委都将公布一系列对市场上的不同商品进行的抽查检验的结果，并将抽检的结果在3·15期间向消费者进行公示。

（5）在《政府在行动》特别节目中，_____还将与《生活》主持人面对面，一起探讨各部委在维护消费者权益方面所做的和将要做的工作，《生活》主持人将作为广大消费者的代言人向部长提出问题。

2. 请你再听一遍录音，然后回答下列问题：

（1）央视财经频道《生活》栏目将联合什么单位共同推出《政府在行动》特别节目？

（2）这个节目报道的重点将是哪些方面？

（3）《政府在行动》系列节目共有几个内容组成？

（4）《政府在行动》这个节目，希望通过主持人对部长们的提问，让老百姓感受到什么？这样做的目的是什么？

第八单元　社会公益

一、企业文化

　　什么是企业文化？有理论家将企业文化整个理论系统概述为5个要素，即企业环境、价值观、英雄人物、文化仪式和文化网络。企业环境是指企业的性质、经营方向、外部环境、社会形象及与外界的联系等方面。它往往决定企业的行为。价值观是指企业内成员对某个事件或某种行为好与坏、善与恶、正确与错误、是否值得仿效的一致认识。价值观是企业文化的核心，统一的价值观使企业内成员在判断自己行为时具有统一的标准，并以此来选择自己的行为。英雄人物是指企业文化的核心人物或企业文化的人格化，其作用在于作为一种活的样板，给企业中其他员工提供可仿效的榜样，对企业文化的形成和强化起着极为重要的作用。文化仪式是指企业内的各种表彰、奖励活动、聚会以及文娱活动等，它可以把企业中发生的某些事情戏剧化和形象化，来生动地宣传和体现本企业的价值观，使人们通过这些生动活泼的活动来领会企业文化的内涵，使企业文化"寓教于乐"。文化网络是指非正式的信息传递渠道，主要是传播文化信息。它是由某种非正式的组织和人群，以及某一特定场合所组成，它所传递出的信息往往能反映出职工的愿望和心态。

词语

1. 概述	gàishù	动		outline；give a brief account
2. 要素	yàosù	名		essential factor；key element
3. 往往	wǎngwǎng	副		often；frequently；more often than not
4. 仿效	fǎngxiào	动		imitate；follow the example of
5. 判断	pànduàn	动		judge；decide；determine
6. 人格化	réngéhuà	动		personification
7. 样板	yàngbǎn	名		model；prototype；example
8. 极为	jíwéi	副		extremely；exceedingly
9. 表彰	biǎozhāng	动		commend；cite
10. 内涵	nèihán	名		intension；connotation
11. 寓教于乐	yù jiào yú lè			make entertainment a medium of education
12. 传递	chuándì	动		transmit；deliver；pass on；transfer
13. 渠道	qúdào	名		medium of communication；channel

学一学

往往

（1）它往往决定企业的行为。

（2）它是由某种非正式的组织和人群，以及某一特定场合所组成，它所传递出的信息往往能反映出职工的愿望和心态。

"往往"表示某种情况通常在一定的条件下才会出现或发生，有"常常"或"经常"的意思。例如：

（1）口语提高快的同学往往是那些不放过任何练习机会的同学。

（2）中小企业在激烈的市场竞争中往往处于不利地位。

练一练

1. 根据下面方框中的提示，用"往往"完成对话：

:	:
（1）听说四牌楼那儿有一条小吃街，咱们晚上去那儿吃小吃吧。	人很多，不太卫生，容易生病
（2）这个房子是建在山坡上的，不知是否会出现山体滑坡？	雨季，滑坡、房屋倒塌
（3）最近猪流感很严重，不知有何症状？	流鼻涕，发烧

2. 用课文中出现的词语填空：

企业文化的_____为企业环境、价值观、英雄人物、文化仪式和文化网络。企业环境是指企业的性质、经营方向、外部环境、社会形象及与外界的联系等方面。价值观是指企业内成员对某个事件或某种行为好与坏、善与恶、正确与错误、是否值得仿效的一致认识。英雄人物是指企业文化的_____人物或企业文化的人格化，其作用在于作为一种活的_____，给企业中其他员工提供可供_____的榜样，对企业文化的形成和强化起着极为重要的作用。文化仪式是指企业内的各种_____、奖励活动、聚会以及文娱活动等，使企业文化"_____"。文化网络是指非正式的信息传递_____，主要是传播文化信息。它所传递出的信息_____能反映出职工的愿望和心态。

3. 将下面可以搭配的词语用线连起来：

善　　　　　　信息
领会　　　　　标准
判断　　　　　内涵
传递　　　　　榜样
仿效　　　　　恶

4. 根据课文内容,回答下列问题:

(1) 企业文化的要素是什么?

(2) 企业文化的核心是什么?

(3) 英雄人物的作用是什么?

(4) 文化网络主要传播的是什么?

5. 用括号中的词语完成对话:

(1) A:这个乐队似乎很走红。

　　B:_____(年轻人,仿效)

(2) A:你觉得如何才能让一个企业在当今激烈的市场竞争中立于不败之地?

　　B:_____(核心、产品质量)

(3) A:我想利用周末去上海旅游,不知是否可行?

　　B:_____(交通、极为、方便、夜车)

(4) A:你觉得西方的教育方式好吗?

　　B:_____(寓教于乐,一边玩一边学习知识)

6. 假设你们在一家服务型企业工作,请你和你的同学就下面几个方面,谈谈你们对企业文化的认识:

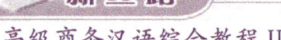

企业文化

尊重人才：每个员工各有所长，皆能成才，均可优秀。我们以人才为根本，渴求并广聚有激情、有责任、有能力的全球贤才，使人尽其才，人才辈出，致力成为世界的强者。

顾客至上：顾客无处不在，无时不在，各有所需。我们以顾客为中心，致力于提供安全、便捷的满意服务，创造感动服务，赢得顾客信赖，使公司为全球顾客乐于选择。

持续创新：创新是生存之道，发展之魂。顾客是创新之源，员工是创新之本。我们以创新为动力，鼓励创新思维，尊重创新行为，共享创新成果，持续创新改革，以最具创新能力和改革精神立足业内。

追求卓越：得潮流之先，领行业之先，赢发展之先。我们以卓越为标准，广泛运用先进的理念、制度、技术、工具和方法，发挥国际化规模网络型公司的优势，使公司在业内最具可持续发展优势。

爱心回报：服务源于爱心，回报出自责任。我们以回报为己任，诚实守信，坚持履行经济、法律、伦理、环保和公益责任，感恩社会、服务社会、回馈社会、奉献社会，做有高度责任感、和谐稳健发展的公司。

二、公益活动

"公益"，从字面的意思来看是为了公众的利益，它的实质应该说是社会财富的再次分配。公益活动是指一定的组织或个人向社会捐赠财物、时间、精力和知识等活动。公益活动的内容包括：社区服务、环境保护、知识传播、公共福利、社会援助、社会治安、紧急援助、青年服务、

爱心行动

慈善、社团活动、专业服务、文化艺术活动、国际合作等等。公益精神就是愿意为改善"公域"部分而奉献努力的精神。

公益活动几乎都是由单位组织的。义务植树、义务大扫除、捐款捐物等是很常见的公益活动。但是，这些也是一份爱心，一份帮助别人的希望。

随着市场经济的发展，在众多取得丰裕经济收益的成功企业家中，逐渐涌现出一批富有社会责任感和公益道德心的人。他们重新思考生命的意义，重新定义企业使命。他们以企业家的才能去做慈善家，以公民的责任去做公益活动家，由此参与社会的自我治理，从而复兴和深化了民间公益传统。他们身体力行"经世济民，以人为本，义利兼顾"的经营之道，因而取得经济效益与社会效益的双赢。在他们的眼中，公益，是每个企业必尽的责任；公益，是每个企业家应有的良知。

词语

1. 公益	gōngyì	名		public good; public welfare
2. 捐赠	juānzèng	动		contribute (as a gift); donate
3. 精力	jīnglì	名		energy; vigour; vim
4. 福利	fúlì	名		material benefits; wellbeing; welfare
5. 治安	zhì'ān	名		public order; public security
6. 慈善	císhàn	形		philanthropy
7. 捐款	juān kuǎn			contribute money
8. 丰裕	fēngyù	形		well provided for; in plenty
9. 涌现	yǒngxiàn	动		emerge in large numbers; spring up
10. 复兴	fùxīng	动		revive; resurge; rejuvenate
11. 身体力行	shēn tǐ lì xíng			set an example by personally taking part; carry out by actual efforts; do something persistently without letup

12. 经世济民	jīng shì jì mín		govern and benefit the people
13. 兼顾	jiāngù	动	give consideration to (take account of) two or more things
14. 良知	liángzhī	名	intuitive knowledge

学一学

1. 从而

他们以企业家的才能去做慈善家，以公民的责任去做公益活动家，由此参与社会的自我治理，从而复兴和深化了民间公益传统。

"从而"是连词，上文是原因、方法等，下文引出结果、目的等。有"因此就"的意思。例如：

(1) 这款手机功能齐全，可以轻松地无线上网，并有GPS导航和蓝牙功能，从而得到了广大消费者，特别是商务人士的喜爱。

(2) 他在高中阶段每门课的成绩都是A，从而被美国耶鲁大学录取了。

2. 身体力行

他们身体力行"经世济民，以人为本，义利兼顾"的经营之道，因而取得经济效益与社会效益的双赢。

"身体力行"的意思是亲身体验，努力实行。例如：

(1) 在号召全体职工献爱心的活动中，张总经理身体力行，带头向灾区人民捐款。

(2) 在植树节到来之际，市长身体力行，和大家一起参加植树活动。

> 练一练

1. 用"从而"改写下面的句子：

（1）地方政府近几年加大了基础设施建设的投入，修建了高速公路，带动了当地经济的大力发展。
（2）中国在促进世界经济平稳发展中做出了巨大贡献，受到了世界各国人民的高度赞扬。
（3）这一次经济危机最初始于美国，后来波及其他国家，最后引发了世界性的经济危机。

2. 用"身体力行"改写下列句子：

（1）张校长虽然年事已高，但是在周末植树活动中，却和同学们一样不怕辛苦。
（2）一个领导如果想要赢得大家的尊敬，就应该和大家一起同甘共苦。

3. 将下面可以搭配的词语用线连起来：

公益 　　　　 精神

奉献 　　　　 传统

分配 　　　　 活动

复兴 　　　　 财富

4. 根据课文内容回答下列问题：

(1) 公益的实质是什么？

(2) 公益活动都包括哪些？

(3) 通常什么人发起组织公益活动？

(4) 一个成功的企业家去做慈善家，可以产生什么样的收效？

5. 某地地震以后，很多企业和个人纷纷伸出了援助之手。假设你是某个企业的总经理，你需要和你的各个部门经理讨论应该采取怎样的行动来帮助和支持灾区人民。下面的提示可能会对你们的讨论有帮助。

以公司名义向红十字会捐款50万元人民币，为灾区人民购置帐篷。

组织单位员工捐款捐物。有钱出钱，有力出力。

为灾区人民购置急需的药品、食物和饮用水。

出资帮助灾区建立一所希望小学。

组织青年志愿者服务队，奔赴灾区，帮助实施救援工作。一方有难，八方支援。

力所能及地帮助灾区人民进行灾后重建工作。

6. 春天到了，社会各界都在积极开展义务植树活动，请你和你的两位同学就如何组织全班同学在周末去北京的郊区进行义务植树进行一次讨论。下面是几位同学的分工。

联系植树的地点。

联系车辆接送同学去植树地点。

联系购买树苗。

组织捐款并号召全班同学参加。

听一听

生词准备

1. 瞬间	shùnjiān	名	moment; instant; minute; in the twinkling of an eye
2. 考察	kǎochá	动; 名	inspect; investigate; make an on-the-spot investigation
3. 摄影	shèyǐng	名	photograph
4. 乐趣	lèqù	名	delight; pleasure; joy
5. 拍摄	pāishè	动	take a picture; shoot
6. 趣事	qùshì	名	fun; amusing episode

7. 审美情趣	shěnměi qíngqù		appreciation of the beauty
8. 筹备	chóubèi	动	prepare；arrange
9. 手把手	shǒu bǎ shǒu		take sb. by the hand and teach him/her how to do something；teach-by-doing
10. 精巧	jīngqiǎo	形	exquisite；ingenious

1. 根据你听到的内容，回答下列问题：

（1）这个扶贫助学计划是哪一年成立的？

（2）他们在2012年8月要开展一项什么活动？

（3）这次活动主要是针对哪个省的孩子？

（4）这次活动到什么时间结束？

（5）这次活动需要的设备是什么？

2. 请再仔细听一遍听力材料，然后根据你所听到的内容填空：

（1）这是首个以海外留学生为主体的_____慈善机构。

（2）_____将于8月前寄至四川成都，再由_____带至活动所在学校，并分发到学生手中。

（3）在完成拍摄后，将由_____组织收回相机，送至照相馆冲印两份，一份返回给_____，另一份则将交给主办方志愿者。

听力原文

第二单元

（云裳服装厂成衣车间主任王刚正陪同新上任的厂长史密斯参观成衣车间）

王　　刚：史密斯先生，您瞧，这就是我们的成衣车间。

史密斯：这个车间现在有多少台机器？有多少工人？

王　　刚：有30台缝纫机，90名工人。

史密斯：每个在岗员工每天的工作量是多少？由谁来负责分派任务，进行质量把关？

王　　刚：工人每天工作8小时，每人缝制20件服装。工厂实行三班倒。通常是由车间主任分派任务，并进行质量抽查。最后质检车间对每一件成衣进行检查。

史密斯：车间是否有专人负责从仓库领取面辅料？有没有现场记录？

王　　刚：通常是由当班的车间主任去仓库领料，然后分发给各个组长。

史密斯：很好。看来你们对这个车间管理得不错。

第五单元

宏图公司希望为现在已经处于以下阶段的客户提供真正的国际化产品咨询与服务：

☆ 生产出的产品基本上已经达到国际化标准；

☆ 已经打算自己独立操作产品出口；

☆ 期望能跳过过多中间商为企业带来更多的利润与效益。

目前，宏图公司已为中国上百家客户有针对性地提供产品国际化咨询和国际贸易服务，涉及机械、食品、日用消费品、医药、小家电、IT、工艺品、纺织品等行业。多元化的服务体系和项目让众多的中小型企业在宏图拥有真正物超所值的体验：承担小企业的花费，享受国际化中大型企业的服务项目。

宏图公司以实现客户的产品国际化、品牌国际化为己任，致力于打造最专业的国际化咨询团队，做中国产品国际化的基石，中国企业全球化的桥梁。宏图公司一流的本地体验和研究是您成功进军国际市场的关键，公司每个员工都是您的得力助手。宏图公司会准时交付符合国际市场规律和客户需求的产品计划，使您在最短的时间里，享受最有效的产品国际化咨询服务，最终实现产品国际化的成功推广。宏图公司将会让您自己管理自己的品牌，直接和您的客户沟通并且获得直接的最大利润。在整个过程中的任何环节上，宏图公司将随时为您提供有效帮助与支持。

第六单元

上海"电视购物"成消费维权热点

中新社上海1月31日电（记者：常惠英） 牛年春节长假期间，"电视购物"成为沪上消费者投诉热点。31日，上海市工商局公布数据显示，节日期间接受电视购物投诉52件，与去年同比增长160%。

为切实维护市场秩序，上海市工商局在春节长假期间全天候开通维权热线，共接到消费者申（投）诉举报425件，其中涉及"电视购物"投诉居于各商品服务首位；对食品投诉为21件，比去年同期下降四成多。

据了解，随着"电视购物"逐渐成为民众喜爱的消费方式之一，相关投诉纠纷也持续上升。其中，商品性能与电视广告不符、经营者不兑现服务承诺、产品的售后服务不到位等成了消费者投诉的主因。如江苏一位消费者向上海某电视购物公司购买一款价值一千多元的某品牌手机，使用后发现该手机与电视广告中宣称的"机身镀二十四K黄金、镶比利时钻石"等不符，与公司联系退货却遭拒绝。

此外，上海工商部门强化了节日期间维权热线的应急机制，即对涉及食品安全等方面的申（投）诉举报做到第一时间受理、分派和处置。同时，加强流通领域食品安全和产品质量监管，督促经营管理者提高诚信和自律意识，从而减少食品安全投诉纠纷发生。

第七单元

为配合财经频道的"3·15"晚会，共同打造整个财经频道"3·15"晚会的品牌效应，从2月中旬到3月15日，央视财经频道《生活》栏目将联合国家十多个部委倾力打造"3·15"消费者维权月的系列特别节目——《政府在行动》。

中央电视台财经频道《生活》栏目有一个版块就叫"生活3·15"，这一版块的宗旨是"打假维权，关注民生"，曝光那些侵害消费者权益的不法行为，维护广大消费者的合法权益。

这次《政府在行动》特别节目将把各部委在维护市场经济秩序、保障消费者权益方面所做的工作、执法力度和决心等作为节目的报道重点。每期节目都将与相关的职能部委密切配合，共同行动，通过一个个真实的查处案例和部委的执法行动，充分利用电视节目的各种表现手段，体现政府打击各种侵害消费者权益的不法行为的决心和力度，突出一种行动感。

这次《政府在行动》系列节目主要由三部分内容组成。

第一，针对市场上出现的打着各种"概念"的幌子，诱导和欺骗消费者的商业行为，《政府在行动》将联合"3·15"晚会组委会的各成员部委及下属的权威检测机构，共同破解这些"假、大、空"的概念，进一步对"伪科学、虚概念、假广告、真陷阱"这四个方面进行揭露和查处，展现各部委在整顿和规范经济市场秩序行动中的决心和力度，为消费者构建一个和谐、诚信、规范的消费环境。

第二，在"3·15"期间，质检总局、工商总局、食药局等部委都将公布一系列对市场上的不同商品进行的抽查检验的结果，并将抽检的结果在"3·15"期间向消费者进行公示。这次《政府在行动》将用"实验作证"的方式来对这些权威发布进

行充分报道，让百姓了解每次抽检结果是如何出台的，同时通过专家对产品的一些分析介绍，为百姓如何挑选合格优质的产品提供实实在在的服务，充分展示各部委为消费者营造放心消费环境所做的努力。

第三，在这次《政府在行动》特别节目中，我们还将对各部委的部（局）长进行一次专访，部委的部（局）长与《生活》主持人面对面，一起探讨各部委在维护消费者权益方面所做的和将要做的工作，《生活》主持人将作为广大消费者的代言人向部长提出问题，在一次次的提问中，让百姓充分感受到政府在维护广大消费者权益方面的决心，树立百姓对政府的信心。

这次"3·15"期间的《政府在行动》特别节目将从一个个真实的侵害消费者权益的案例切入，配合各部委的执法行动，突出的是政府的"行动感"，树立政府在百姓心目中的威信，让百姓充分了解到，他们面临的问题，我们的政府也正在采取行动，正在努力为消费者营造一个放心的消费环境。

（摘自http://finance.sina.com.cn）

第八单元

中国留学生爱心扶贫助学计划（OCSCF）之"留影瞬间——纪录成长"活动计划

背景介绍

中国留学生助学扶贫计划成立于2007年，是首个以海外留学生为主体的民间慈善机构，近年来，曾多次组织志愿者对西部贫困地区进行考察，帮助孩子们走进学校，接受教育，从而改善他们的生活，改变他们的未来。

活动目的

此次摄影活动主要针对四川省的贫困学校学生。摄影不仅可以给孩子们带来无穷乐趣，活跃他们的课外生活，还能通过拍摄一幅幅反映家乡发展变化、身边伙伴趣事的照片，广泛地接触社会，感受自然，并以此激发他们的想象力和创造力，在提高自身的审美情趣的同时，增强对家乡的热爱和为家乡做贡献的责任感。

活动时间

2012年8月—2013年8月

活动所在学校

四川省甘孜州甘孜县郎扎女子小学

活动方案

- **前期筹备：**

一次性相机将于8月前寄至四川成都，再由志愿者带至活动所在学校，并分发到学生手中。

- **活动内容：**

志愿者在学校支教过程中，将开设摄影课程——讲解相机的构造、摄影的艺术、目的与方法，并且手把手教会学生们如何使用一次性相机。学生将在以后的日子里用相机纪录下他们眼中的世界。在完成拍摄后，将由老师组织收回相机，送至照相馆冲印两份，一份返还给学生，另一份则将交给主办方志愿者。志愿者们将依照"主题鲜明，内涵丰富，创意独特，构思精巧，技术运用得当，视觉效果好"的评分标准，评选出优秀作品，并于学校各间教室展出。在进行摄影课程时，学生也将一起分享志愿者们在各个国家不同地区拍摄的有趣照片。通过志愿者对照片的描述，学生们将更深入地了解外面世界的风土人情，获取更多书本无法提供的知识与乐趣。

- **后期活动：**

主办方将把评选出的优秀摄影作品公开展出，让社会看到贫困地区的现状和贫困学生的艰苦生活。观赏孩子们自己拍摄的照片，能够更深入地了解他们的内心世界，从而激发人们的爱心，给孩子们提供更多的关怀与帮助。

词语总表

		A		
爱岗敬业	ài gǎng jìng yè		love one's post and respect one's work	2
		B		
百忙	bǎimáng	名	while fully engaged；in the thick of things	3
保税区	bǎoshuìqū	名	bonded area	5
保修	bǎoxiū	动	guarantee；guarantee to keep sth. in good repair	5
比重	bǐzhòng	名	proportion	2
笔记本电脑	bǐjìběn diànnǎo		laptop	5
必备	bìbèi	动	must prepare for	2
必由之路	bì yóu zhī lù		the route one must take；the only route which must be passed；the only road	3
避免	bìmiǎn	动	avoid；refrain from；avert；prevent sth. happening	4
标志	biāozhì	动	designate；indicate；symbolize	3
表彰	biǎozhāng	动	commend；cite	8
并举	bìngjǔ	动	develop simultaneously；promote（work）simultaneously	6
博采众家之长	bó cǎi zhòng jiā zhī cháng		learn widely from other's strong points	3
不约而同	bù yuē ér tóng		do or think the same without prior con sultation；act in concert without previous arrangement	3
步入	bùrù	动	step into	3
		C		
财务	cáiwù	名	finance；financial affairs	2
裁	cái		reduce；cut down	4

参照	cānzhào	动	refer to；consult	6
策划	cèhuà	动	plan	5
查处	cháchǔ	动	investigate and treat	7
拆卸	chāixiè	动	dismantle；disassemble	6
产业链	chǎnyèliàn	名	industrial chain	5
车间	chējiān	名	workshop；department；shop	2
成本	chéngběn	名	cost	2
承诺	chéngnuò	动	promise to undertake；undertake to do sth.	6
翅膀	chìbǎng	名	wing	4
筹备	chóubèi	动	prepare；arrange	8
传递	chuándì	动	transmit；deliver；pass on；transfer	8
辞职	cí zhí		resign；quit office	4
慈善	císhàn	形	philanthropy	8
促成	cùchéng	动	help to bring about；facilitate；help to materialize	1
促销	cùxiāo	动	sale promotion	5
撮合	cuōhé	动	make a match；act as go-between；bring together	1
挫败	cuòbài	动	frustrate；foil；defeat	4

D

低端	dīduān	形	low side	5
低廉	dīlián	形	cheap；low	3
递交	dìjiāo	动	hand over；present；submit；deliver	7
缔约国	dìyuēguó	名	signatory（state）to a treaty；party to a treaty	7
奠定	diàndìng	动	establish；settle；make firm or stable	5
定位	dìngwèi	动	fix position；orientate	5
督促	dūcù	动	supervise and urge；push forward	6
镀	dù	动	plate	6
兑现	duìxiàn	动	hornour a commitment；fulfil；realize；make real	6

		F		
发布会	fābùhuì	名	release；announcement	3
发电机	fādiànjī	名	alternator；electric generator	3
凡	fán	副	any；all；every	6
仿效	fǎngxiào	动	imitate；follow the example of	8
飞跃	fēiyuè	动	leap；advance in development by leaps and bounds	3
份额	fèn'é	名	share；portion	3
丰裕	fēngyù	形	well provided for；in plenty	8
福利	fúlì	名	material benefits；wellbeing；welfare	8
府上	fǔshàng	名	your home；your houre	6
复兴	fùxīng	动	revive；resurge；rejuvenate	8
		G		
改善	gǎishàn	动	improve；better；mend；modify	2
概述	gàishù	动	outline；give a brief account	8
钢材	gāngcái	名	steel products；steels	2
工商管理	gōngshāng guǎnlǐ		Business Administration	1
工艺	gōngyì	名	technology；craft；process；technique	6
公益	gōngyì	名	public good；public welfare	8
雇佣	gùyōng	动	employ；hire	4
管理层	guǎnlǐcéng	名	management echelon	2
规范	guīfàn	动	regulate；standardize	7
国产	guóchǎn	形	Chinese-made；made in our country	2
		H		
核心	héxīn	名	core；kernel；heart；centre	2
忽略	hūlüè	动	ignore；neglect；overlook	3
环保	huánbǎo	名	environmental protection	3
环节	huánjié	名	link	2
幌子	huǎngzi	名	pretense；cover；front	7
获悉	huòxī	动	learn（of an event）	7

			J		
跻身	jīshēn	动		squeeze into	3
极为	jíwéi	副		extremely；exceedingly	8
兼顾	jiāngù	动		give consideration to（take account of）two or more things	8
简历	jiǎnlì	名		curriculum vitae；resume	1
奖励	jiǎnglì	动		encourage and reward；reward	4
揭露	jiēlù	动		expose；unmask；ferret out；uncover；disclose	7
紧密	jǐnmì	形		close together；inseparable	2
晋升	jìnshēng	动		promote to a higher post	4
经世济民	jīng shì jì mín			govern and benefit the people	8
精力	jīnglì	名		energy；vigour；vim	8
精巧	jīngqiǎo	形		exquisite；ingenious	8
警钟	jǐngzhōng	名		alarm bell；tocsin	4
竞争	jìngzhēng	动		competition	2
纠纷	jiūfēn	名		dispute	6
捐款	juān kuǎn			contribute money	8
捐赠	juānzèng	动		contribute（as a gift）；donate	8
			K		
刊登	kāndēng	动		publish；carry	5
考察	kǎochá	动、名		inspect；investigate；make an on-the-spot investigation	8
考虑	kǎolǜ	动		think over；take into account；consider	5
控制	kòngzhì	动		control；dominate；regulate；govern	2
跨越	kuàyuè	动		stride over；stride across；leap over	5
款	kuǎn	量		model；pattern；style	3
			L		
乐趣	lèqù	名		delight；pleasure；joy	8
良知	liángzhī	名		intuitive knowledge	8
猎取	lièqǔ	动		hunt for；pursue；seek	1
另起炉灶	lìng qǐ lúzào			begin all over again；make a fresh start	3

路径	lùjìng	名	way; route; path; ways and means	4
履行	lǔxíng	动	perform; fulfil; carry out	7
M				
盲目	mángmù	形	blind	4
媒体	méitǐ	名	medium; mass media	5
面临	miànlín	动	be faced with; be confronted with; be up against; frontage	4
面色忧郁	miànsè yōuyù		have a melancholy look; look worried	4
敏锐	mǐnruì	形	sharp; acute; keen	6
陌生	mòshēng	形	strange; unfamiliar	5
N				
难道	nándào	副	surely it doesn't mean that...; could it be said that...	4
难怪	nánguài	副	no wonder	4
内存	nèicún	名	internal memory	5
内涵	nèihán	名	intension; connotation	8
P				
拍摄	pāishè	动	take a picture; shoot	8
判断	pànduàn	动	judge; decide; determine	8
配件	pèijiàn	名	parts; fitting; accessory	6
配置	pèizhì	动、名	deploy; allocation; dispose	1
蓬勃	péngbó	形	vigorous; flourishing	6
偏远	piānyuǎn	形	remote; faraway	3
品牌	pǐnpái	名	brand	5
凭	píng	动	go by; base on; take as the basis	6
凭证	píngzhèng	名	proof; evidence; certificate	6
屏幕	píngmù	名	screen	3
Q				
起诉	qǐsù	动	sue; prosecute; bring a suit against sb	7

前途未卜	qiántú wèi bǔ		hanging in the balance; an ambiguous future; the future remains problematic; the prospects remain undecided	4
前沿	qiányán	名	forward position; frontier; front edge	3
强化	qiánghuà	动	strengthen; intensify; consolidate	2
抢占	qiǎngzhàn	动	race to control; seize; grab	5
敲	qiāo	动	ring	4
切记	qièjì	动	be sure to keep in mind; be sure to remember	7
侵权	qīnquán	动	tort violate others' lawful rights	7
倾力	qīnglì	动	bend	7
清单	qīngdān	名	inventory; detailed list; catalogue	7
渠道	qúdào	名	medium of communication; channel	8
趣事	qùshì	名	fun; amusing episode	8

R

热门	rèmén	名	in great demand; popular	4
热衷	rèzhōng	动	hanker after; intend on; crave	4
人格化	réngéhuà	动	personification	8
人为	rénwéi	形	artificial; man-made	6
认知度	rènzhīdù	名	cognition	5
任重道远	rèn zhòng dào yuǎn		take a heave burden and embark on a long road; ability to carry heavy responsibilities through thick and thin; it is a arduous task and the road is long	5
日渐成熟	rìjiàn chéngshú		something becoming mature day by day	1
融洽	róngqià	形	harmonious	4
软件	ruǎnjiàn	名	software	5
若干	ruògān	代	a certain number or amount	4

S

上司	shàngsī	名	superior; boss	4
设备	shèbèi	名	equipment; device; facility	2

涉嫌	shèxián	动	be suspected of being involved；be a suspect	7
摄影	shèyǐng	名	photograph	8
身体力行	shēn tǐ lì xíng		set an example by personally taking part；carry out by actual efforts；do something persistently without letup	8
审定	shěndìng	动	authorize；examine and approve；check and decide	7
审美情趣	shěnměi qíngqù		appreciation of the beauty	8
审批	shěnpī	动	examine and approve	7
审视	shěnshì	动	observe carefully；look at sth. or sb. attentively	4
升级	shēngjí	动	upgrade	5
生效	shēngxiào	动	come into force (operation)；go into effect；become effective	6
实施	shíshī	动	put into effect；implement；carry out；enforce	7
实习	shíxí	动	practice	1
始料不及	shǐ liào bù jí		beyond expectation；against expectation	2
收购	shōugòu	动	purchase；buy	4
手把手	shǒu bǎ shǒu		take sb. by the hand and teach him/her how to do something；teach-by-doing	8
授权	shòuquán	动	empower；authorize	6
授予	shòuyǔ	动	confer；award；grant；endow	7
属实	shǔ shí		turn out to be true	6
曙光	shǔguāng	名	first light of morning；dawn	3
数以百计	shù yǐ bǎi jì		count by the hundreds	1
双管齐下	shuāng guǎn qí xià		paint a picture with two brushes at the same time；work along both lines；do two things at the same time；do both things simultaneously	5
率先	shuàixiān	副	take the lead in doing sth.；be the first to do sth.	6

瞬间	shùnjiān	名	moment;instant;minute;in the twinkling of an eye	8
四成	sì chéng		40 percent	6
诉状	sùzhuàng	名	plaint;indictment	7
素质	sùzhì	名	quality	2
随机赠送	suí jī zèngsòng		get something for free when buying the ma chine	5
随叫随应	suí jiào suí yìng		service will be supplied when needed	6
索赔	suǒpéi	动	claim indemnity;demand compensation	7
锁定	suǒdìng	动	lock	5
T				
太阳能	tàiyángnéng	名	solar energy	3
探讨	tàntǎo	动	inquire;investigate	7
提交	tíjiāo	动	submit to;refer to	7
调整	tiáozhěng	动	adjust;turn-up	4
庭审	tíngshěn	名	court;interrogation	7
投石问路	tóu shí wèn lù		cast a stone to find out whether one should proceed;send out a trial balloon	5
推定	tuīdìng	动	presume	6
退货	tuì huò		return of goods;returned purchase;cancel the orders	5
W				
完备	wánbèi	形	complete;perfect	6
完善	wánshàn	形	perfect;consummate	5
挽留	wǎnliú	动	urge sb;to stay;persuade sb. to stay	4
网罗	wǎngluó	动	enlist the services of;recruit	1
往往	wǎngwǎng	副	often;frequently;more often than not	8
微薄	wēibó	形	meagre;scanty	5
维护	wéihù	动	keep;maintain;upkeep	2
委托	wěituō	动	entrust;trust;bail;authorize	7

务必	wùbì	副	must；be sure to	6
X				
细则	xìzé	名	detailed rules and regulations；by-laws	7
瑕疵	xiácī	名	flaw；blemish；minor fault	6
下属	xiàshǔ	名	subordinate	4
嫌	xián	动	dislike；mind；complain of	4
限制	xiànzhì	动	place restrictions on（to）；astrict；restrict	4
陷阱	xiànjǐng	名	pitfall；trap	7
相对	xiāngduì	副	relatively；comparatively	3
镶	xiāng	动	inlay；set；inset；insert	6
消费群	xiāofèiqún	名	consumer	5
消耗	xiāohào	动	consume；use up；expend	2
销路	xiāolù	名	sale；market；outlet	5
协调	xiétiáo	动	coordinate；concert；integrate；harmonize	2
心情	xīnqíng	名	mood；feeling tone	4
新颖	xīnyǐng	形	new and original	7
星罗棋布	xīng luó qí bù		scattered all over like stars in the sky or pieces on a chessboard；spread all over the place；spread out like stars and chess pieces	6
凶多吉少	xiōng duō jí shǎo		be fraught with grim possibilities；bode ill rather than well；forebode disasters rather than blessings	4
学生会	xuéshēnghuì	名	student self-government	1
迅猛	xùnměng	形	swift and violent	2
Y				
研发	yánfā	动	research and develop	6
样板	yàngbǎn	名	model；prototype；example	8
要素	yàosù	名	essential factor；key element	8

一帆风顺	yì fān fēngshùn		everything is going smoothly；go off smoothly；have a favourable wind through out the voyage	4
意识	yìshi	名	consciousness	2
因地制宜	yīn dì zhì yí		suit one's measures to local conditions；act according to circumstances；adaptation to local condition	5
隐蔽	yǐnbì	形	hidden；covered；cryptical	1
应届	yīngjiè	形	the present graduation year；current	1
荧屏	yíngpíng	名	fluorescent screen	7
营造	yíngzào	动	construct；build	7
硬盘	yìngpán	名	hard drive	5
永恒	yǒnghéng	形	eternal；perpetual	2
涌现	yǒngxiàn	动	emerge in large numbers；spring up	8
优化	yōuhuà	动	optimize	2
尤其	yóuqí	副	especially；particularly	2
诱导	yòudǎo	动	guide；lead；induce	7
诱惑	yòuhuò	动	entice；tempt；seduce；attract；allure	4
与否	yú fǒu		or not	2
寓教于乐	yù jiào yú lè		make entertainment a medium of education	8
圆满	yuánmǎn	形	satisfactory；successful	3
运行	yùnxíng	动	run；work；operation	2
		Z		
遭遇	zāoyù	动	meet with；encounter；run up against	7
择日	zérì	动	choose another day for	7
摘要	zhāiyào	名	summary；abstract	7
占据	zhànjù	动	occupy；take over；hold	2
占有	zhànyǒu	动	own；possess；have	3
障碍	zhàng'ài	名	hinder；obstacle；barrier	5
招聘	zhāopìn	动	recruit and employ；invite application for a job	1

征程	zhēngchéng	名	journey	5
整顿	zhěngdùn	动	rectify; consolidate; reorganize; readjust	7
整合	zhěnghé	动	integrate	3
知名度	zhīmíngdù	名	notability	5
值	zhí	动	be worth the money	5
职位	zhíwèi	名	position; post	1
治安	zhì'ān	名	public order; public security	8
昼夜	zhòuyè	名	day and night	6
主修	zhǔxiū	动	specialize; major	1
注重	zhùzhòng	动	lay by stress; lay emphasis on; pay attention to	2
专利	zhuānlì	名	patent	7
撰写	zhuànxiě	动	write	7
追加	zhuījiā	动	add to (the original amount)	7
自荐信	zìjiànxìn	名	statement of recommend oneself (for a job)	1
自律	zìlǜ	动	autonomy	6
自我介绍	zìwǒ jièshào		self-introduction; introduce oneself to	1
宗旨	zōngzhǐ	名	aim; purpose	6